普通高等教育"十四五"规划教材

21世纪全国高等院校财经管理类规划教材

项目策划与文案写作

主　编　孟庆荣　陈万金
副主编　徐向春　王乌兰　叶海燕

北京大学出版社
PEKING UNIVERSITY PRESS

图书在版编目(CIP)数据

项目策划与文案写作 / 孟庆荣, 陈万金主编. -- 北京：北京大学出版社, 2025.6. -- (21 世纪全国高等院校财经管理类规划教材). -- ISBN 978-7-301-36253-2

Ⅰ. C936

中国国家版本馆 CIP 数据核字第 2025XX0234 号

书　　名	项目策划与文案写作
	XIANGMU CEHUA YU WEN'AN XIEZUO
著作责任者	孟庆荣　陈万金　主编
策 划 编 辑	温丹丹
责 任 编 辑	李　晨
标 准 书 号	ISBN 978-7-301-36253-2
出 版 发 行	北京大学出版社
地　　址	北京市海淀区成府路 205 号　100871
网　　址	http://www.pup.cn　新浪微博：@北京大学出版社
电 子 邮 箱	编辑部 zyjy@pup.cn　总编室 zpup@pup.cn
电　　话	邮购部 010-62752015　发行部 010-62750672　编辑部 010-62704142
印 刷 者	北京市科星印刷有限责任公司
经 销 者	新华书店
	787 毫米×1092 毫米　16 开本　9.5 印张　237 千字
	2025 年 6 月第 1 版　2025 年 6 月第 1 次印刷
定　　价	39.00 元

未经许可，不得以任何方式复制或抄袭本书之部分或全部内容。
版权所有，侵权必究
举报电话：010-62752024　电子邮箱：fd@pup.cn
图书如有印装质量问题，请与出版部联系，电话：010-62756370

前　言

中华民族是一个长于谋划、尊重智慧的民族,中国人做事情主张三思而后行,讲究未雨绸缪。回顾源远流长的五千年中华文明史,我们不难发现,众多杰出的思想家和策略家们的思想和实践都闪耀着策划与谋划的智慧之光,例如,主张合纵连横的苏秦、张仪等纵横家,用兵如神的孙子、吴起等军事家,以立木为信著称的改革家商鞅,以及孔子、孟子等儒家先贤。无论是《战国策》等策论专著、《孙子兵法》等兵法经典,还是二十四史和各朝各代文赋中的策略论述,抑或是"买椟还珠""千金买骨""奇货可居"等蕴含深意的小故事,都无一不体现出中国人对策划的极高重视和深刻见解。改革开放以来,社会主义市场经济的蓬勃发展推动了人们思想的解放,人们的创新精神重新被激发了起来,越来越多的人开始意识到策划的重要性。

随着中国特色社会主义市场经济体制不断走向成熟,社会分工日益细化,商业活动也愈发活跃。在这样的背景下,大型活动的成功举办不仅需要集结大量的人力、物力、财力,还需要策划者进行精心的策划,以确保活动目标明确、脉络清晰,并具有可执行性。对于大学生而言,培养策划能力和策划文案的写作能力是十分必要的。学习与策划相关的课程有助于提高大学生的策划能力与实践能力,以及写作能力、统筹能力和逻辑思维能力,从而进一步提升大学生的综合能力和就业竞争力,特别是职业发展能力。这也解释了为什么在大学有过大型活动策划经历的毕业生更容易找到理想的工作。

如今,国内的很多高等学校已经开设了与策划相关的课程,不少学习经济学、管理学及广告传播学的同学有机会在本科阶段学习商务策划、营销策划、活动策划、项目策划、广告策划等相关课程,这些策划课程往往针对的是大型活动或项目。对于大学生而言,在实践中提升自己的策划能力和撰写策划文案的能力是尤为重要的。无论是在大学还是走向社会,策划能力和写作能力的提升都对个人发展有很大的帮助。

曾有专家表示,未来每一个人都是一个独立的经济体,人们既可以独立完成某项活动或项目任务,也可以依靠团队的协作和组织的支撑来执行大型的系统性活动或项目任务。总而言之,在当今社会,一切都是项目,一切都将成为项目。这也使得策划能力成为现代社会中人们不可或缺的一项技能。

当然,策划能力的提升不是一朝一夕就能实现的。想要提升自己的策划能力,不仅需要进行科学的学习,还需要进行大量的实践。同学们应当学习相关的理论知识,丰富自己的知识储备,分析各类案例的经验得失;应当积极参与各类活动的组织与策划工作,了解不同类型活动的特点,并通过策划文案的写作培养自己的写作能力和逻辑思维能力。同学们如果能够掌握策划的基本要领和策划技能,就能够将自己对创业的构想转化为具体的方案。希望同学们能够通过学习和实践更加清晰地认识自己的目标和愿景,为自己策划一个更加美好、更加精彩的未来。

本书采用"理实一体"的编写模式。编者在本书的编写过程中对编写体例进行了创新，注重理论与实践紧密结合，体现了"理实一体化"的教学新模式。本书在编写上聚焦于文案写作的实战训练，紧密结合社会各行业的职业需求，致力于将基础理论知识与职业技能有效融合。"专题写作篇"中的每一章都设有"文案写作实战训练"环节，训练内容涉及文案框架的设计、文案提纲的编写、整体文案的写作等，旨在帮助学生全方位提升文案写作能力。同时，本书的附录部分为师生整理了与策划相关的国内赛事，在学习本书时，同学们可以在相关网站上查询相关赛事的获奖作品，结合本书的相关内容进行学习和研究。

本书的总体策划由广州软件学院孟庆荣教授和广州城建职业学院陈万金教授负责。体例设计、编写组织、书稿修改及统稿工作由孟庆荣、陈万金负责，审校由徐向春、廖云珊、叶海燕、李志嘉、卢优兰、陈万金老师负责。编写人员分工如下：第一章至第二章由孟庆荣、陈万金编写；第三章至第四章由陈万金、孟庆荣、徐向春编写；第五章至第七章由徐向春、孟庆荣、任小平编写；第八章至第十章由陈万金、刘瀛寰、廖云珊、王乌兰、叶海燕、张金玉、高敏编写。

本书编写团队有丰富的综合理论知识和社会实践经验。希望本书的出版能够为大学和社会中的各类项目策划及文案设计工作献上些许创意，更希望本书能够成为广大项目耕耘实践者的"良师益友"。由于水平有限，书中难免会存在不足之处，诚恳地期望使用本书的广大读者朋友提出真诚而宝贵的意见和建议，使之有机会得到修订与完善。多谢！

作者于广州

2025 年 4 月

本教材配有教学课件及相关教学资源，如有老师需要，可扫描右边的二维码关注北京大学出版社微信公众号"北大出版社创新大学堂"（zyjy-pku）索取。

- 课件申请
- 样书申请
- 教学服务
- 编读往来

目 录

上编　基础理论篇

第一章　项目策划与文案写作导论 …………………………………………………… (3)
　　第一节　策划的产生和发展 ……………………………………………………… (5)
　　第二节　项目策划与文案写作 …………………………………………………… (7)
第二章　策划理论概述 ………………………………………………………………… (11)
　　第一节　策划的概念、要素与类别 ……………………………………………… (13)
　　第二节　策划的特点、功能与流程 ……………………………………………… (17)
　　第三节　策划的原则、构思内容与方法 ………………………………………… (20)
　　第四节　策划与工作分解结构 …………………………………………………… (24)
第三章　文案写作理论基础 …………………………………………………………… (27)
　　第一节　文案写作的语言表达 …………………………………………………… (29)
　　第二节　写作材料的收集与选择 ………………………………………………… (32)
　　第三节　写作者应具备的意识与文案写作的专业知识要求 ………………… (34)
第四章　文案中的表格、插图、附录与附件 ………………………………………… (37)
　　第一节　表格 ……………………………………………………………………… (39)
　　第二节　插图 ……………………………………………………………………… (43)
　　第三节　附录与附件 ……………………………………………………………… (50)

下编　专题写作篇

第五章　营销策划文案 ………………………………………………………………… (55)
　　第一节　营销策划文案概述 ……………………………………………………… (57)
　　第二节　营销策划文案的内容与结构 …………………………………………… (60)
　　第三节　营销策划文案设计案例 ………………………………………………… (62)
　　第四节　营销策划文案写作实战训练 …………………………………………… (67)
第六章　会议策划文案 ………………………………………………………………… (69)
　　第一节　会议与会议策划文案概述 ……………………………………………… (71)
　　第二节　会议策划文案的内容与结构 …………………………………………… (75)

第三节　会议策划文案设计案例 …………………………………………（79）
　　第四节　会议策划文案写作实战训练 ………………………………………（82）
第七章　品牌策划文案 ……………………………………………………………（85）
　　第一节　品牌策划文案概述 …………………………………………………（87）
　　第二节　品牌策划文案的内容与结构 ………………………………………（89）
　　第三节　品牌策划文案设计案例 ……………………………………………（92）
　　第四节　品牌策划文案写作实战训练 ………………………………………（97）
第八章　项目策划文案 ……………………………………………………………（101）
　　第一节　项目策划文案概述 …………………………………………………（103）
　　第二节　项目策划文案的内容与结构 ………………………………………（106）
　　第三节　项目策划文案设计案例 ……………………………………………（108）
　　第四节　项目策划文案写作实战训练 ………………………………………（113）
第九章　大学生实践活动策划文案 ………………………………………………（115）
　　第一节　大学生实践活动策划文案概述 ……………………………………（117）
　　第二节　大学生实践活动策划文案的内容与结构 …………………………（119）
　　第三节　大学生实践活动策划文案设计案例 ………………………………（121）
　　第四节　大学生实践活动策划文案写作实战训练 …………………………（126）
第十章　公益活动策划文案 ………………………………………………………（129）
　　第一节　公益活动策划文案概述 ……………………………………………（131）
　　第二节　公益活动策划文案的内容与结构 …………………………………（133）
　　第三节　公益活动策划文案设计案例 ………………………………………（135）
　　第四节　公益活动策划文案写作实战训练 …………………………………（139）
参考文献 ……………………………………………………………………………（142）
附录 …………………………………………………………………………………（143）

上编
基础理论篇

第一章
项目策划与文案写作导论

学习目标

知识目标：了解策划的产生和发展，理解项目策划与文案的概念。
能力目标：了解项目策划与文案写作的关系。
素养目标：在项目策划和文案写作的实践中提高解决问题的基本素质和基本能力。

内容简介

★ 策划的产生和发展
★ 项目策划与文案写作

第一节　策划的产生和发展

项目需要策划。在社会实践中,策划是一种脑力劳动。在当今竞争激烈的大环境下,竞争主体为了争取工作和活动中的优势地位及有利条件,时刻在进行着激烈的较量,在这"血雨腥风"的博弈中,策划扮演着不可或缺的重要角色。可以说,没有策划,项目就没有市场竞争力;项目没有市场竞争力,竞争主体就会失去进入市场的机会,并很难获得成功。

策划究竟是怎样产生的呢?如果要回答这个问题,我们就必须首先了解,是竞争推动了策划的产生。

人是策划的主体。一般来说,竞争越激烈,策划思想就会越精彩纷呈。自20世纪80年代以来,策划行业如火如荼地发展了起来。我们可以将策划行业的发展历程总结归纳为以下三个阶段。

20世纪80年代中期至90年代初期被称为"点子时代"。所谓"点子",是指可以被量化的想法、主意或办法,是经过思考产生的解决问题的方法。通俗来说,"点子"是指经过缜密思考得到的想法,人们能够通过提供想法获取合法的利益。在这一时期,社会上出现了很多"点子公司",涌现出了很多"点子大王"。

20世纪90年代中后期至20世纪末被称为"战术策划时代"。在这一时期,策划随着时代的发展而产生新的变化,社会上涌现出了一大批实战型策划专家。他们将策划与热门行业或新兴行业结合起来,通过整合资源,创造出了一大批策划成果。其中具有代表性的有:余明阳的CIS(Corporate Identity System,企业识别系统)策划、崔秀芝的公关策划、叶茂中的广告策划、赵强的营销策划、王志纲的房地产策划等。

21世纪初至今被称为"战略策划时代"。在这一时期,策划行业表现出了前所未有的强劲势头,策划走入了社会的各个领域。首先,策划从幕后走向台前,大规模、全方位地服务于经济社会的发展;其次,策划者使用了创新手段,从而推动了广告业和咨询业的繁荣发展;再次,策划得到了进一步发展,很多企业或个人因某个项目的成功策划而改变了命运;最后,策划师已经成为一种新职业,原劳动和社会保障部于2004年将商务策划师列为新增职业,教育部于2006年将商务策划管理纳入高考新增专业。

如今,策划与社会各领域结合得越来越紧密,这也使其社会地位得到了前所未有的提升。主要表现为以下几个方面。

第一,策划应用的广泛化。策划诞生于广告业。改革开放以后,我国市场经济的发展推动了策划在各个领域中的应用。房地产、旅游、婚庆、金融、会展等行业都与策划有着十分密切的联系。

第二,策划市场的产业化。策划应用的广泛化拓展了策划的应用市场,随即催生了专业的策划机构。由于我国市场的广阔与开放,很多国外的知名专业策划公司纷纷进驻中国市场,促使相关行业蓬勃发展,从业人员的队伍逐渐壮大。经过多年来的实践性探索,策划市场向着产业化的方向发展。

第三,策划手段的多样化。随着社会各行各业对策划的需求日益增加,以及相关行业对策划质量的要求不断提高,策划手段日趋成熟并越发多样化。各类策划手段的应用使策划效率与质量大大提高。

第四,策划运作的职业化。随着我国经济的发展,人们看到了策划行业的发展前景,很多人选择将策划师作为自己的职业,有的人选择成为策划行业的自由职业者,有的人创建了策划机构,并吸纳专业的策划人员。

第五,策划目标的多元化。不同的策划主体追求的目标不同,策划目标不仅仅局限于经济效益目标。从目前来看,策划目标已由单一目标扩展为多元目标,其主要体现为:策划人员或相关机构通过策划达成经济效益目标;通过策划达成政治目标或提高政治影响力;通过策划塑造企业形象,提升品牌影响力;通过策划提高人民的文化素质,丰富人民的精神文化生活;等等。

第六,策划理论的科学化。自20世纪90年代以来,国内出现了一大批策划领域的实践者和研究者,策划学的研究流派不断涌现。此外,高等学校策划相关专业的发展及策划学理论专著、教材的出版,都推动着策划行业持续、健康、科学地发展。

知识拓展

企划、计划和策划的区别

企划、计划和策划只有一字之差,它们都是指对未来的工作作出安排,所以人们很容易将它们混淆。

- 企划是涉及企业的发展战略、品牌战略等宏观层面的规划。一家公司的企划班子既是公司的智囊团,又是公司的策略执行监控组织。企划通常用于决定工作内容的领域,如开发产品、管理品牌、设计企业运营模式、设计营销管理模式、设计促销管理模式等。企划者更注重规划的全局性和长期性。

- 计划通常用于已经决定的工作内容、工作框架,侧重于执行和控制。

- 策划通常用于一次性的活动或项目。策划更侧重于创意的挖掘,主要适用于营销领域与公共关系领域。策划者更关注具体的业务和活动细节。

第二节 项目策划与文案写作

一、项目策划

项目是指一系列独特、复杂且相互关联的活动,每个项目中的活动都有一个共同且明确的目标。活动的开展需要遵循一定的标准和规范,并且相关人员要在特定的预算、资源和时间等限制条件下开展活动。

在人们的生活和工作中,小到举办一次生日聚会、撰写一部专著、策划一次婚礼,大到承包一项建筑工程、举办一次国际会议、开发一款软件、研发一个新产品,这些活动都可以被视为项目。在项目实施前,人们需要先进行项目策划。

什么是项目策划?项目策划是策划者根据项目的具体目标或目的开展的,具有一定的功利性、社会性、创造性、时效性和超前性的大型谋划活动。在项目策划中,策划者需要进行具有建设性、逻辑性的思考,对项目的实施进行指导和控制,最终实现既定目标。企业战略策划、文旅项目策划、市场营销策划、电子商务策划、商务会议策划都属于项目策划。项目策划是一种脑力活动。它要求策划者具备扎实的专业知识和丰富的实践经验,同时能够发挥创造力和想象力。

在竞争激烈的市场环境中,项目策划扮演着不可或缺的重要角色。可以说,没有项目策划,项目就会因为没有市场竞争力而失去进入市场的机会或有利条件。

一般来说,策划者在进行项目策划时要考虑以下几点。

第一,设定预期的效益目标。在项目策划之初,策划者就需要明确项目的预期成果和可能带来的经济效益或其他效益,从而为后续的工作提供明确的指引。

第二,策划思维应当具有创新性。在激烈的市场竞争中,只有独特的创意和创新的思维才能使项目脱颖而出。策划者需要在创新思维的引领下提出新颖、独特的策划方案。

第三,策划方案应当具有合理性、可行性。任何项目的策划都需要在策划方案具有现实可行性的基础上进行。策划者要充分考虑资源、时间、人力等因素,确保策划方案具有可操作性。

第四,按照特定的程序运作。策划者需要按照一定的步骤和程序对项目进行策划,从项目目标的设定到策划方案的制订,都需要策划者进行严谨的分析和思考。同时,策划者还需要在项目策划的过程中协调各方面的资源,以确保项目顺利进行。

二、文案写作

(一) 文案的概念

文案是写作者为了达到某种目的或实现某种意图而写下的内容,通常用于广告、营销、传媒等领域。在项目策划中,策划者往往会借助文案将自己的想法和创意表达出来。文案是策划者智慧与创意的结晶。策划者可以通过文案将项目策划的思路、计划和策略具体化、条理化,使文案成为可执行的行动指南。对于项目策划而言,文案的重要性不言而喻。优秀的文案能够清晰地传达策划者的意图,激发受众的兴趣和参与热情,推动项目的顺利实施。在不同的应用场景下,文案也可被称为计划书、策划书、策划案、策划文案、设计方案、策划方案、企划案、方案等,它们都是文案的不同表现形式。总的来说,撰写文案的核心目的是将策划者的创意和计划以文字的形式表达出来,为项目的实施提供有力的支持。

(二) 项目策划与文案写作的关系

项目策划是文案写作的前提和基础。项目策划需要策划者对项目目标、受众、策略等方面进行分析,并对项目的整体结构和创意设计进行构思。文案写作是将项目策划的思路具体化的过程,是对项目策划的进一步细化。

项目策划与文案写作在实践中存在一定的区别。项目策划更侧重于整体策略的制定和创意的构思,而文案写作则更注重文字的表达和信息的传递。项目策划的成功开展不仅需要策划者具备创意能力,还需要策划者对市场、受众和传播渠道进行深入的了解和分析;而文案写作则需要写作者具备扎实的文字功底和较强的表达能力、审美能力,能够将策划创意和思路以最佳的方式呈现给受众。

项目策划与文案写作在实际工作中是相互关联的(如图1-1所示)。在项目策划的过程中,策划者需要考虑文案写作的主要目的,确保文案能够将策划思路准确、生动地呈现出来。在文案写作的过程中,写作者也需要充分考虑项目策划的意图和目标,充分理解项目的背景和要求;只有这样,写作者才能创作出优秀的文案。由此可见,项目策划与文案写作存在着相辅相成的关系,两者都是推动项目顺利实施的关键因素。

```
项目策划(前提) ──────→ 文案写作(后续)
      │                      │
      ↓                      ↓
   项目实施 ←────────── 形成文案
```

图1-1 项目策划与文案写作的关系

本章关键词

策划　项目策划　文案写作　创新创意　策划时代

思考与讨论

1. 在当前社会，策划具有哪些特征？
2. 策划者在进行项目策划时要考虑哪几点？
3. 项目策划与文案写作有着怎样的关系？

第二章
策划理论概述

学习目标

知识目标：了解与策划有关的基础知识，如策划的概念、要素和类别等。

能力目标：在领会策划的特点、功能和流程的基础上，能够运用适当的策划原则和方法进行项目和活动的策划，能够运用工作分解结构对项目和活动进行分解。

素养目标：具备策划岗位所需的策划能力和创新精神，在策划工作中具备独立思考的能力和解决问题的能力。

内容简介

★ 策划的概念、要素与类别

★ 策划的特点、功能与流程

★ 策划的原则、构思内容与方法

★ 策划与工作分解结构

第一节 策划的概念、要素与类别

一、策划的概念

如今,"策划"一词已是十分流行的大众化用词并被广泛地应用于社会实践中。作为一种战略管理手段,策划逐渐得到了各个行业的重视。

《现代汉语词典(第7版)》将"策划"一词解释为"筹划、谋划"。近年来,人们越来越重视策划,以至于出现了策划学这个学科。策划学的相关理论被运用于各种领域,如企业策划、市场策划、广告策划、文化策划、设计策划、教育策划等。在当代,从策划学的角度来看,策划是指为某件事、某个项目、某项活动制订计划或制定策略,然后实施相应的计划或策略,以实现目标或达到较好的效果。

在理解"策划"一词的概念时,我们必须注意以下几个方面。

(1)策划者必须设定预期的效益目标。正所谓"无事不谋",做事就应该有方向、有目标。策划是一个行为过程,它不仅是人与组织的行为过程,也是资源配置的量化过程。这里所说的效益目标包括经济效益目标、政治效益目标、社会效益目标和文化效益目标等。一般来说,某项策划的效益目标不仅限于一种目标,通常包括多种目标。

(2)策划者需要拥有具有前瞻性的思维模式。理念创新、组织模式创新、行为模式创新是策划的本质特征。在策划的过程中,策划者要不断推陈出新,突破陈旧的思维定式,或通过灵活的资源整合,或运用新颖的手段,达到出奇制胜的效果。

(3)组织和策划任何活动都需要策划者在现有条件下进行谋划。策划者要全面了解客观条件及可能影响活动开展的各项因素(包括有利因素和不利因素),对当前的情况进行全面、详细、充分的研究和论证,找出解决问题的方法和措施,制订合理可行的策划方案。

(4)策划是一个需要策划者按照特定程序运作的复杂的系统工程。策划者必须具有全局观念,既要从纵向维度对活动的前期、中期和后期进行谋划,又要从横向维度思考某一阶段的活动所涉及的方方面面的问题。策划者必须以策划理念为指导,以"一纵一横"为载体,以资源整合为中心,对活动进行精心筹划。

二、策划的要素

策划的要素通常包括策划的主体、策划的客体、策划的目标、策划者所处的环境和策划者所具备的资源。

1. 策划的主体

策划的主体即策划者或决策者。策划者有可能为自己的项目而策划,此时策划者就是决策者;策划者也有可能接受委托,为其他决策者或有关组织策划。策划者通常应具备较强的策划能力。

2. 策划的客体

策划的客体是相对于策划的主体而言的,它是策划者认知的对象和付诸实践的对象。它既包括客观存在并可以被人们主观感知到的事物,也包括人们借助思维联想或想象到的事物。在策划的过程中,策划的客体是可预测和可调控的。在实现策划目标后,策划的客体也是可以被评估的。

3. 策划的目标

策划的目标是指策划者想要通过策划达到的目的。在工作项目或具体活动中,策划者需要设定准备达到的预期目标,从而明确策划的方向。从一定意义上讲,策划的目标应是明确的,并且具有一定的可行性。策划的目标有"总分"之说,一个策划往往包含一个或多个总目标,每个总目标又包含多个分目标;当策划者实现了所有的分目标,即完成了总目标。

4. 策划者所处的环境

策划者所处的环境即策划者实施策划行为时所处的环境,包括自然环境和社会环境(如经济环境、政治环境、文化环境等)。由于人们的生存和发展都依赖于所处的环境,因此,策划者必须考虑环境因素。

5. 策划者所具备的资源

策划者所具备的资源是指策划者拥有的或可以利用的人力、物力、财力等各种要素。任何策划都需要一定的资源作为支撑,与此同时,策划也是对资源的整合与利用。

三、策划的类别

根据不同的标准,我们可以把策划划分为不同的类型。

(一) 按照策划活动的内容划分

按照策划活动的内容划分,策划一般分为产品策划、旅游策划、房地产策划、影视策划、网站建设策划、教育策划、企业文化策划、展览策划、图书策划、创业策划、广告策划、营销策划、项目策划、会议策划、管理策划、公关策划、婚礼策划、医疗策划等。

随着互联网的快速发展,"互联网+"已经渗透到了人们日常生活的各个领域,新媒体活动和电商活动发展迅速。因此,目前的新媒体活动策划和电商活动策划属于新兴的策划类型。

(二）按照策划的效益目标划分

按照策划的效益目标划分，策划可分为以下几类。

1. 以实现经济效益为目标的策划

经济效益是指通过策划活动取得的经济方面的利益。营销策划、旅游策划、会展策划、产品策划、房地产策划、创业策划、电商活动策划等都属于此类策划。

2. 以实现政治效益为目标的策划

政治效益是指通过策划活动获得的政治成果或政治影响力。由政府组织的援助活动策划、会议策划、调研策划等都属于此类策划。

3. 以实现社会效益为目标的策划

社会效益是指通过策划活动获得的社会影响力和品牌知名度。公益活动策划、公关策划等都属于此类策划。

4. 以实现文化效益为目标的策划

文化效益是指通过策划活动获得的精神成果。婚礼策划、体育策划、企业文化策划、影视策划等都属于此类策划。

（三）按照策划的主体划分

按照策划的主体划分，策划可分为以下几类。

1. 政府项目策划

政府项目策划是指各级政府部门所进行的各种策划。例如，某市的政府部门为推进招商引资工作进行的策划，某县的政府部门为实施特色农产品加工项目进行的策划等。

2. 事业单位项目策划

事业单位项目策划是指各级事业单位所进行的各种策划。例如，某公立医院为开展公益活动进行的策划，某大学与某科研院所为推进"产学研"协同育人项目进行的策划等。

3. 企业单位项目策划

企业单位项目策划是指各类企业对各种经营管理业务进行的策划。例如，企业文化策划、企业战略策划、人力资源管理策划等。

4. 社会团体项目策划

社会团体项目策划是指社会团体对各种社会活动进行的策划。例如，义卖活动策划、募捐活动策划等。

5. 军事单位项目策划

军事单位项目策划是指军事单位对各种军事活动所进行的策划。例如,军事战略策划、军事战术策划等。

以上分类不是绝对的,随着时代的发展和进步以及新业态的不断涌现,策划的类别也会不断变化。

知识拓展

策划者需要以相对较低的投入或较为合理的代价获取更大的经济效益和社会效益。策划者应在科学的调查和研究的基础上,运用掌握的策划知识、策划技能和创意思维,对现有资源进行优化和整合,进行全面、缜密的构思和谋划,制订细致、可操作性强的策划方案,并在实施的过程中不断对策划方案进行完善。

第二节 策划的特点、功能与流程

一、策划的特点

一般来说,策划具有前瞻性、系统性、专业性和规范性。

1. 前瞻性

策划的前瞻性是指策划者应正确地认识、理解和把握项目或活动的现状,并在此基础上预见和判断未来的发展趋势,对项目或活动的预期目标、根本任务、战略步骤和具体措施等进行客观、科学的安排与规划。

2. 系统性

系统性也称整体性,它要求策划者把策划对象视为一个系统,以系统的整体优化为目标,并协调系统中各分系统之间的关系。因此,策划者应当根据系统的整体预期目标协调和优化各个分系统的目标。

3. 专业性

策划是一种具有创造性的脑力劳动,它要求策划者既有理论基础,又有相关行业的实践经验,深入了解策划的内在客观规律及各项管理职能,因此这项工作对策划者的专业要求较高,并非所有人都能胜任。

4. 规范性

策划的规范性体现在策划的工作程序必须合乎规范,策划方案在内容和形式上也必须合乎规范。策划的规范性具体表现为:目标明确,任务具体、切实可行,策划创意特色鲜明,战略高瞻远瞩,策划方案结构完整、语言规范、附件齐全。

二、策划的功能

通常来说,策划具有以下几项功能。

1. 预测未来

策划具有预测未来的功能,它要求策划者对目标市场未来的变化或社会未来的发展趋势进行前瞻性研究。

2. 促进有序竞争

在策划项目或活动的过程中,策划者需要运用才智和谋略优化策划方案,使自己的策划方案在竞争中占据有利地位。策划者可在规范竞争和理性竞争的前提下追求利益的最大化,这有利于维护竞争秩序。

3. 保证决策的合理性

项目或活动的策划要求策划者制订科学、合理的策划方案,决策者可以在此基础上以一种理性的思维方式指导决策行为,从而确保决策的合理性和科学性。

4. 优化资源配置

策划工作要求策划者对人力、物力、财力等资源进行合理配置。相对于项目或活动的需求而言,资源通常具有一定的稀缺性,这就要求策划者对有限的、相对稀缺的资源进行有效的配置,以便用最少的资源获取最大的利益。

三、策划的流程

策划是一个系统工程,策划者需要按照科学、合理的程序进行策划。策划者必须明确先做什么,后做什么,即遵循一定的步骤开展策划工作。策划是一项创造性极强的活动,包括诸多环节。需要强调的是,策划主题不同,策划工作的内容要素和策划流程也不同。

一般来说,策划流程主要包括:确定策划主题、了解策划对象、形成策划创意、撰写策划文案、评估策划文案。

(一) 确定策划主题

确定策划主题的第一步是挖掘并设计问题。例如:这是一个什么类型的策划?策划者或客户的目标是什么?策划者或客户有哪些期望?

确定策划主题的第二步是对所列出的问题进行筛选和过滤。在筛选和过滤问题的过程中,策划者需要明确以下六项要素。

(1) 是什么(What);
(2) 针对谁(Who);
(3) 为什么(Why);
(4) 采用什么方法(How);
(5) 什么地方(Where);
(6) 什么时间(When)。

(二) 了解策划对象

策划是一种具有针对性、目标性的行为活动,而策划对象是需要策划者了解和付诸实践的对象,因此,策划者要对策划对象进行深入的考察和调研,以探究其真实情况。

策划者需要通过调查的方式有计划、有目的地了解策划对象的真实情况；策划者还需要对调查资料进行认真的分析和研究，去粗取精、去伪存真，从而更好地了解策划对象。总的来说，调查是研究的前提和基础。

开展调研需要策划者确定调查研究的选题，收集调查资料，并完成调查报告的撰写。调查报告一般包括调查背景、调查时间、调查目的、调查对象、调查内容、调查方式、调查结果、调查体会等内容。

（三）形成策划创意

创意是策划的核心与灵魂，也是策划方案的根基，策划往往由创意引发。策划创意的形成需要策划者寻找能够实现其策划目标的支撑点，也就是所谓的创意点。只有确定了创意点，策划者才能以创意点为核心，开展项目或活动的策划工作。因此，创意不仅是策划的灵魂，更是策划的行动纲领。

（四）撰写策划文案

与项目或活动的策划和开展有关的内容都需要通过策划文案呈现出来。撰写策划文案是策划工作的重要一环，策划文案是实施项目或活动的直接依据。进一步来说，策划文案是对策划创意和策划行动的书面表达，也是体现写作者创新思维的物质载体。

策划文案一般包括内容提要、背景、宗旨、具体方案、资金预算、实施进度计划、组织架构及人员分工、场地安排等内容。一般来说，策划文案还应当包含特殊情况的说明和相关补充资料，以便对策划文案的相关事宜进行补充说明。

由于项目或活动的内容与规模不同，策划文案往往也存在很大的差异，写作者要根据实际情况对策划文案的内容和结构进行构思。

（五）评估策划文案

在写作者写完策划文案之后，决策者或策划者还要对其进行审慎的评估，预测策划文案中的相关工作得以落实后是否能达到预期目标。如果各方均对策划文案表示满意，有关人员即可根据策划文案开展有关工作，否则就要对策划文案进行调整和改进。

第三节　策划的原则、构思内容与方法

一、策划的原则

策划者在开展策划工作的过程中应当遵循以下几项原则。

1. 效益主导原则

效益主导原则就是指在策划工作中将效益作为主导因素和先决条件，做到"非益不谋，非益不策"。策划者做任何策划都要思考如何才能实现效益的最大化。策划的主体能否实现自己的效益目标是衡量一项策划是否成功的主要指标。

2. 创新性原则

创新是策划的灵魂。策划创意是人们智慧的结晶。具有创意的策划才是真正优秀的策划，因此策划者应不断挖掘创意点。策划者应时刻以创新的视角审视自己的策划方案，以创新的思维模式去完善自己的策划方案。

3. 系统性原则

策划工作是一个系统工程，一个项目或活动往往涉及多个方面的内容，事项烦琐。因此，策划工作的完成有赖于团队的分工合作，并非一个人就能完成所有的策划工作。

4. 可行性原则

项目或活动的策划应具有可行性，这就要求策划者在分析人力、物力、财力等多方面因素的基础上作出决策。策划者应根据目标和实际情况制订策划方案，并在策划方案中体现明确、具体的行动计划，使策划方案具有可行性。

5. 全局性原则

俗话说，"站得高，看得远"。策划者应在项目或活动的策划工作中占领制高点，既要明确重点，又要统筹兼顾，把握市场变化或社会发展的整体趋势，从而掌控全局。

二、策划的构思内容

策划者需要在决策阶段进行总体策划，其主要任务是明确项目或活动的内容和定位，并从效益、资源、技术等角度对项目或活动的可行性进行论证。策划者在构思有关内容的过程

中必须以国家和地方的法律法规及方针政策为依据,并结合国内、国际社会的经济发展趋势和实际情况。

构思的内容具体包括以下几个方面。

(一) 项目或活动的范围界定

策划者在工作中应首先思考达到目标需要做哪些具体工作,以及哪些方面的工作是不应该做的。实际上,如果策划者不对项目或活动的范围进行界定,接下来的工作就很难开展下去。

一般来说,确定项目或活动的范围有助于明确策划工作的边界,也有助于明确项目或活动的目标。确定项目或活动的范围可以帮助策划者更加明确具体的工作内容,从而有效地控制项目或活动的进程。

(二) 分解并定位操作单元

在明确了项目或活动的范围后,策划者应将策划工作分解为多个小的操作单元,并对这些操作单元进行定位。策划者需要思考某个操作单元与上一级操作单元的关系、某个操作单元与下一级操作单元的关系、某个操作单元与同一级操作单元的关系。分解并定位操作单元是策划者在策划初期就必须完成的工作。

(三) 与项目或活动有关的要素

与项目或活动有关的要素包括资源、组织结构、规范、成本、进度安排等。

1. 资源

资源是开展项目或活动时所需要的一切要素,为项目或活动提供支持。不同类型的项目或活动通常需要不同类型的资源。

2. 组织结构

为了保证项目或活动顺利开展,策划者需要组建相应的团队并确定组织结构。团队成员通常包括管理人员和普通成员。

3. 规范

为确保项目或活动能够顺利进行,策划者应当制定一系列的规范和准则,以保证项目或活动的质量。这样做既能帮助相关人员明确自己的职责,也能够为整个项目或活动的开展提供方向和指导。

4. 成本

成本是指完成项目或活动所需的总费用。在项目或活动的策划和执行过程中,策划者需要对成本进行详细的估算,以确保资源的合理分配和有效利用。

5. 进度安排

合理的进度安排是确保项目或活动按时完成的重要因素之一。在制订项目或活动的进度计划时,策划者需要综合考虑目标、范围、资源等因素,采用科学的方法和工具安排项目或活动的进度,并随时监控项目或活动的执行情况。

(四) 项目或活动的目标的系统性

确定项目或活动的质量目标、成本目标和进度目标是实现策划工作预期目标的前提。这三大目标常常相互联系、相互制约,这可能使目标的设定变得更加复杂、困难。因此,策划者应在工作中平衡好这三大目标,尽可能提高项目或活动的策划质量,控制好资金投入,缩短完成项目或活动的周期。

三、策划的方法

策划的方法多种多样,选择适合的方法很重要。一般来说,策划的方法主要包括移植法、类比法、系统分析策划法、逻辑分析策划法、综合分析策划法等。

1. 移植法

移植法是指将某个领域的理论经验、方法和技术应用于其他领域的策划方法。策划者通常会将较为成熟的理论经验、方法和技术转移并应用到新的领域,以解决新的问题。因此,采用移植法需要策划者在新情境下对现有的成果进行延伸和拓展。

2. 类比法

类比法是一种根据一类事物所具有的某种属性,推测出与其类似的事物也具有同种属性的推理方法。类比对象间共同的属性越多,通过类比得出的结论就越准确。运用类比法要求策划者"先比后推"。策划者既要比较事物之间的共同点,也要比较事物之间的不同点。

3. 系统分析策划法

系统分析策划法是指把项目或活动的策划当作一个统一的整体,并把这个整体分解为若干分系统,在揭示影响分系统的环境因素、社会因素、经济因素、文化因素等各因素及相互关系并对获取的信息进行综合整理、分析和加工的基础上,选择出最优方案的策划方法。系统分析策划法的主要特征是从整体的角度揭示各局部的关系和相互之间的影响,从而找出系统整体的内在规律。

4. 逻辑分析策划法

逻辑分析策划法是指借助人的思维把策划客体的发展进程以逻辑关系的形式表现出来并加以分析,进而制订策划方案的方法。

逻辑分析策划法具有两个最明显的特征。其一是典型性。运用逻辑分析策划法可以使策划者摆脱其他无关因素的干扰,从最能体现策划客体的本质和规律性的东西入手,对策划客体进行研究。其二是抽象概括性。运用逻辑分析策划法使策划者能够以抽象的形式对策划客体的发展进行概括研究。总的来说,运用逻辑分析策划法需要策划者揭示策划客体的本质,通过概括、判断、推理等方式来完成策划。

5. 综合分析策划法

综合分析策划法是指需要策划者全面、完整地认识策划客体的各个方面,从而全面地了解、分析策划客体的策划方法。

运用综合分析策划法能够使策划者准确而客观地了解策划客体,因此,它是一种策划者必须掌握并且需要策划者应用于策划活动全程的策划方法。

第四节　策划与工作分解结构

一、工作分解结构的概念

工作分解结构是项目管理的一种重要工具，人们可以利用这一工具将项目分解成具体的工作单元。工作分解结构在项目策划和管理中具有非常重要的作用。在分解的过程中，策划者需要把一个项目或活动按一定的规则分解成一个一个的任务。策划者需要以交付成果为导向，对各个要素进行分层、分组，直到分解不下去为止。一般来说，我们可以从以下三个方面来理解工作分解结构的内涵。

（1）工作分解要求策划者对整个项目或活动的所有要素进行分组，明确工作分解结构有助于界定整个项目或活动的范围。

（2）在设计工作分解结构的过程中，策划者需要对项目或活动的内在结构或实施过程进行逐层分解，将项目或活动分解成内容单一、相对独立、便于测量和评估的工作单元。

（3）工作分解结构是一种服务于项目策划或活动策划的工具，它能够帮助策划者明确具体的项目清单或活动清单。工作分解结构一般可以用等级树来表示，如图 2-1 所示。

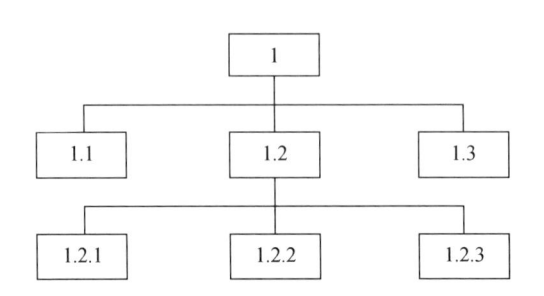

图 2-1　工作分解结构等级树

以"撰写营销策划书"这一项目为例，其工作分解结构如图 2-2 所示。

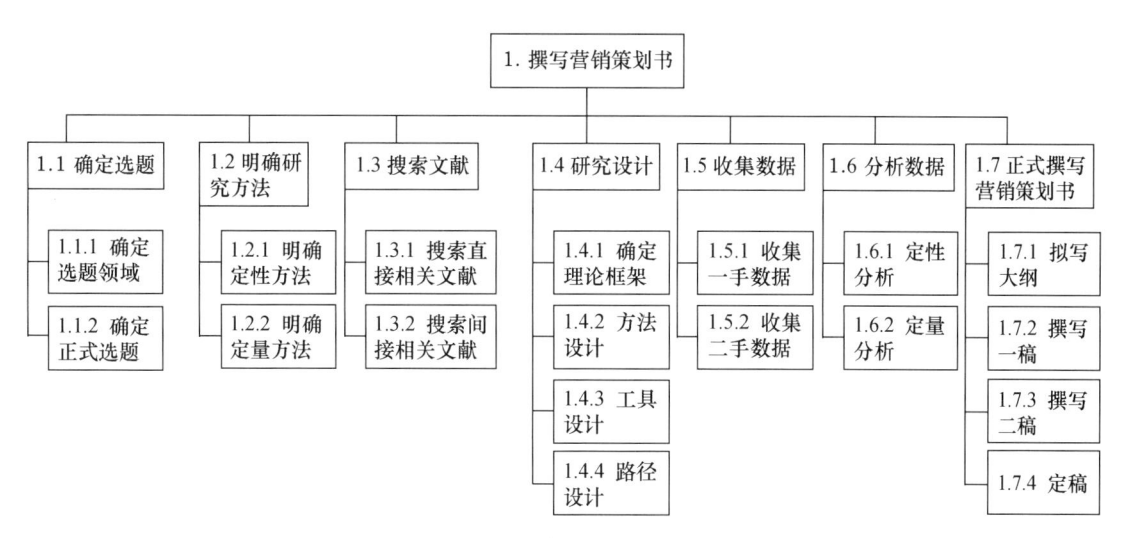

```
                          1. 撰写营销策划书
   ┌──────┬──────┬──────┬──────┼──────┬──────┬──────┐
1.1 确定选题  1.2 明确研究方法  1.3 搜索文献  1.4 研究设计  1.5 收集数据  1.6 分析数据  1.7 正式撰写营销策划书

1.1.1 确定    1.2.1 明确    1.3.1 搜索直    1.4.1 确定    1.5.1 收集    1.6.1 定性    1.7.1 拟写
选题领域      定性方法      接相关文献    理论框架     一手数据     分析         大纲

1.1.2 确定    1.2.2 明确    1.3.2 搜索间    1.4.2 方法    1.5.2 收集    1.6.2 定量    1.7.2 撰写
正式选题      定量方法      接相关文献    设计         二手数据     分析         一稿

                                        1.4.3 工具                              1.7.3 撰写
                                        设计                                    二稿

                                        1.4.4 路径                              1.7.4 定稿
                                        设计
```

图 2-2 "撰写营销策划书"的工作分解结构

二、工作分解结构的作用

工作分解结构的作用通常包括以下几个方面。

1. 明确工作任务

设计工作分解结构能够帮助策划者明确达到目标所需要开展的各项主要工作,工作分解结构所呈现出的各项工作就是策划者所要完成的具体工作。

2. 理顺逻辑关系

工作分解结构能够清晰地展现项目或活动的逻辑结构,明确需要策划者重点关注的关键要素。策划者可借助工作分解结构理顺各工作单元之间的逻辑关系。

3. 便于沟通协调

工作分解结构使团队中每项工作的相关责任人能够明确自己的工作职责,这有利于团队成员相互配合,使团队成员之间的沟通更为顺畅,工作效率也会得到提升。

三、工作分解结构的设计

一般来说,设计工作分解结构需要策划者有效地完成层级分解、结构设计和编码系统设计这三个方面的工作。

1. 层级分解

分解项目或活动既可依据项目或活动的内在结构,也可依据项目或活动的实施顺序。

工作分解结构的层级越多,其对项目或活动的描述就越细致。复杂的项目或活动的层级通常较多,相对简单的项目或活动的层级通常较少。

2. 结构设计

对于策划者来说,在设计工作分解结构的过程中,结构设计是一项十分重要的工作。一般而言,在进行结构设计时,策划者通常要遵循以下几项原则。

第一,合理划分层次。策划者不宜在结构内构建太多的层次,层次过多将不利于管理。

第二,确保信息能够在各层次之间有效地传递和交流。

第三,保证结构的灵活性。这是策划者在结构设计的初始阶段就应当注意的。

3. 编码系统设计

策划者必须给工作分解结构中的每一个工作单元都编制编码,以便确定其在工作分解结构中的位置。在项目或活动的规划阶段及其后的各个阶段,项目或活动所涉及的各基本工作单元都应当被及时编码。若编码系统不完善或编码编排得不科学,会引发很多问题。

编码系统设计与结构设计是相互对应的。项目或活动的工作分解结构的层级分布如表2-1所示。

表 2-1 工作分解结构的层级分布

编 码	在工作分解结构中的层级	说 明
1	第一级	总项目
1.1	第二级	第一级的子项目
1.1.1	第三级	第二级的子项目
1.1.1.1	第四级	第三级的子项目

本章关键词

策划要素　策划流程　策划原则　策划方法　工作分解结构

思考与讨论

1. 策划可以分为哪几类?
2. 策划具备哪些特点和功能?
3. 举例说明策划的流程有哪些。
4. 策划的方法有哪些?
5. 什么是工作分解结构?
6. 如何设计工作分解结构?

第三章
文案写作理论基础

学习目标

知识目标：了解文案写作中语言的运用原则，了解写作者应具备的意识与文案写作的专业知识要求。

能力目标：掌握收集、选择文案写作材料的能力，能够运用恰当的材料进行文案写作。

素养目标：传承中华优秀语言文化，在文案写作中实现中华优秀语言文化的现实价值。

内容简介

★ 文案写作的语言表达

★ 写作材料的收集与选择

★ 写作者应具备的意识与文案写作的专业知识要求

第一节　文案写作的语言表达

一、文案写作中语言的运用原则

写作者在文案写作中应遵循以下几项语言的运用原则。

1. 准确、规范

写作者应遵循语言规范，用准确、恰当的语言表达文案的主要思想内容。写作者应重视以下几个方面。

（1）辨明词义。对于一些意义相近的词语，写作者应仔细辨析它们的细微差别，选择最为准确的词语加以使用。例如，"请求"和"恳求"在情感的强烈程度上有所不同，"夭折"和"过世"的适用对象不同，"散步"和"溜达"的语体色彩不同，"订金"与"定金"的内涵和性质有所不同。

（2）符合语法规范。文案写作应符合语法规范，写作者应仔细检查文案中是否存在语病。常见的语病包括指代不明、搭配不当、修辞不当、语序不当、逻辑混乱等。例如："这次活动使同学们的觉醒有了很大提高。"该句中的"觉醒"不能与"提高"搭配。

（3）避免歧义。文案写作不仅要求文案的语言合乎语法规范，还要求文案的语言表述清晰，避免歧义，不使人产生误解。例如："我读了许多叔叔留给我的书。"根据具体情况，人们可以理解为"许多叔叔给我留了书，这些书我都读了"，也可以理解为"我读了叔叔留给我的许多书"。

2. 力求简洁、观点明确

在文案写作中，写作者要避免使用套话和空话，应使用简洁、精练的语言。在表达上，写作者要认真推敲、反复修改，尽可能删掉那些可有可无的词语和句子。例如，"实行分配方案改革的目的是：拉开收入的差距，建立激励竞争机制，以便于最大限度地调动教师的积极性，从而提高我校的教学科研质量"可以改为"实行分配方案改革的目的是拉开收入差距，建立激励竞争机制，最大限度地调动教师的积极性，提高我校的教学科研质量"，使表达简明扼要。除此之外，文案在表述上要做到观点明确，不能在表达上模棱两可、含糊不清。

二、表达方式与写作技巧在文案写作中的运用

（一）表达方式在文案写作中的运用

写作者在撰写文案的过程中可以采用多种表达方式。一般来说，文案写作主要采用叙

述、描写、抒情、议论和说明这五种表达方式。通常来说,这几种表达方式可以交叉使用。

1. 叙述

叙述是指按照时间顺序或逻辑顺序,有条理地讲述事件或故事的发展过程。写作者可以在采用这种表达方式时重点陈述时间、地点、人物、事件等有关要素。例如:"近年来,随着数字化转型的加速,越来越多的企业开始重视社交媒体营销。本项目的启动正是基于这一背景。我们旨在通过制定一套全面的社交媒体营销策略,帮助企业提升品牌知名度和市场份额。"

2. 描写

描写是指用生动形象的语言对人物、景物、事物等进行具体细致的刻画,使读者能够产生直观的感受和印象。描写可以分为人物描写、环境描写、心理描写等。例如:"该产品的目标受众是年龄在25～35岁之间,追求时尚、注重生活品质的年轻人。他们热衷于在社交平台上分享生活的点滴,对新颖、有趣的内容具有较高的接受度和传播意愿。因此,我们的营销策略将围绕这一受众群体的兴趣和需求展开。"

3. 抒情

抒情是指通过语言抒发感情,从而表达对自然、人生、社会等的感受。抒情往往具有浓厚的个人色彩和主观性。例如:"我们坚信,该项目的实施不仅能够激发团队的创新精神和协作能力,还能够使企业的销售额显著增长。通过我们的共同努力,我们一定能够克服困难,共同创造更加美好的明天。"

4. 议论

议论是指针对某个问题或观点,通过逻辑推理和事实依据表达看法和主张。议论通常包括论点、论据和论证三个要素。例如:"经过深入的分析,我们认为在当前的市场环境下电子产品的竞争日益激烈,但仍有巨大的市场潜力有待挖掘。我们可以采取差异化营销策略,突出产品的独特卖点,以吸引更多消费者关注和购买。"

5. 说明

说明是指用简洁明了的语言对事物的性质、特点、功能、用途等进行客观的介绍,使读者能够更加深入地了解某个事物或某个情况。例如:"本项目的实施将分为三个阶段。第一阶段的任务是市场调研和策略制定,预计耗时2个月;第二阶段的任务是内容创作和渠道拓展,预计耗时4个月;第三阶段的任务是效果监测和策略优化调整,预计耗时2个月。我们将根据项目的实际情况合理分配资源,确保按时完成各项任务。"

在撰写文案的过程中,写作者可以灵活运用这五种表达方式,以增强文案的吸引力和说服力。

(二)写作技巧在文案写作中的运用

写作者在文案写作中可运用以下几种写作技巧。

1. 揣摩用户心理

在撰写文案的过程中,写作者要在了解、分析用户心理需求的基础上,通过创意和巧思打动用户的心。例如,广告文案的撰写就需要写作者分析顾客的消费心理,并运用一定的方法和手段吸引顾客。

2. 关注用户诉求

一篇好的文案要反映用户的情感诉求和理性诉求,从而打动用户。因此,写作者应事先了解用户的诉求,在文案中响应用户的诉求。

3. 收集有效信息

在文案写作中,写作者要广泛收集、分析并利用各种有效信息,使写出的文案内容丰富而全面,如创业策划案、营销策划案等文案的撰写都离不开写作者对信息的综合利用。

4. 借助文学作品中常见的写作手法

文案的语言、结构一般都有相应的写作要求,这些是写作者必须遵循的。写作者也可以采用文学作品中常见的写作手法,以加强文案的吸引力,特别是一些商业策划活动的策划案。

第二节　写作材料的收集与选择

一、写作材料的收集

在撰写文案之前，写作者首先要做的事情就是充分收集材料。俗话说："巧妇难为无米之炊。"写作者如果能掌握充足的材料，做好充分的准备工作，就会在文案写作的过程中更加得心应手。

根据不同的标准，我们可以把材料分成不同的类型。根据材料的性质划分，材料可分为事实材料和理论材料；根据材料的时间划分，材料可分为历史材料和现实材料；根据材料的来源划分，材料可分为直接材料和间接材料；根据材料的载体划分，材料可分为书面材料和非书面材料。

怎样才能更好地收集材料呢？写作者可以注意以下三个方面。

1. 善于观察

写作者要培养自己观察事物的能力，留心观察周围的人和事，将各种有价值的信息记录下来，不断积累有价值的材料。

2. 重视调查研究

"没有调查，就没有发言权。"在写作过程中，写作者要选择一种或多种调查方法并开展调查，重视实践，全面掌握实际情况，掌握第一手材料。只有这样，写作者才能写出切合实际的高质量文案。

3. 进行广泛的阅读

受到时间、空间等因素的制约，写作者不可能仅仅依靠观察和调查研究去收集材料。写作者应当通过广泛地阅读文献来获取材料。前人的经验、研究成果和失败的经历都是留给后人的宝贵财富。写作者可以通过阅读分析、归纳出有价值的信息，为文案写作提供参考。

二、写作材料的选择

写作者可依据以下原则选择材料。

1. 选择与文案主题关联度高的材料

写作者选择的材料必须紧紧围绕文案主题，为文案主题服务。材料如果与文案主题无关,就应当被舍弃。

2. 选择真实的材料

真实的材料能反映客观事物的本来面貌。只有材料真实,文案才有说服力。写作者应选择真实的材料,不能随意杜撰材料。

3. 选择典型的材料

材料的选择不是越多越好,写作者应选择典型的材料。典型的材料是指那些有代表性的、能说明问题并反映事物本质特征的材料。

4. 选择新颖的材料

材料的新颖主要体现在时间上。写作者在选择材料时,要多关注最新出现的事物、最新统计出的数据、最新研究出的成果等。同时,写作者要善于推陈出新,活用旧材料,从新的角度分析旧材料,从旧材料中发掘别人没有发掘出来的观点和价值。

第三节　写作者应具备的意识与文案写作的专业知识要求

项目或活动策划与文案写作这两项工作具有较大的重合性,这两项工作经常由同一人或同一团队完成。在实际工作中,写作者需要充分了解策划的思路、重点和难点,以便创作出符合要求的文案。同时,写作者在文案写作的过程中应具备相应的意识,并不断积累相关的专业知识,提高自身的写作水平。

一、写作者应具备的意识

写作者应在文案写作的过程中明确问题是什么、重要的是什么、必要的是什么、紧迫的是什么、关键的是什么。

1. 问题是什么

对于文案写作来说,解决相关问题和达到特定目标都是写作者的核心任务。写作者应当注意到,问题和目标具有明确的对应关系。在写作的过程中,问题与项目或活动的核心内容和主要任务密切相关。例如,在撰写"××生态村旅游景区开发策划书"时,写作者要解决的问题就是怎样开发这个生态村的旅游项目或策划相关活动,目标是将该旅游景区建设成为知名的旅游景区。明确问题是文案写作的重要起点。只有明确了这一点,写作者才能进一步确定"怎样做""谁来做""什么时间做""在哪儿做"等具体内容。从某种角度来看,问题与目标之间存在着密切的关系。写作者只有明确了需要解决的问题,才能通过项目或活动的策划和实施实现预设的目标。实际上,项目或活动的问题与目标体现了输入与输出的关系(如图3-1所示)。

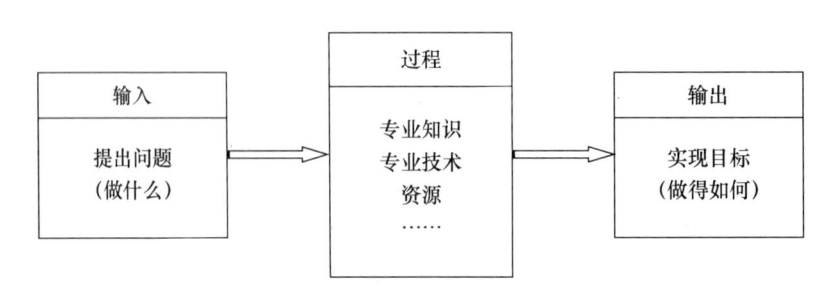

图3-1　项目或活动的问题与目标之间的关系

2. 重要的是什么

在文案写作的过程中,写作者应当明确重要的要素有哪些。对文案写作而言,有很多要素是不可或缺的,例如项目或活动的范围、组织结构、规范、成本、进度安排等。写作者应当对每个重要的要素都进行详细而具体的阐述。例如,在阐述项目或活动的成本时,写作者应细致描述项目或活动所涉及的直接成本(如人工费用、材料费用、设备费用等)和间接成本(如管理费用、营销费用等)。

3. 必要的是什么

对写作者而言,有利于解决问题、实现文案写作目标的资料和信息都是必要的。收集这些资料和信息不仅有助于问题的解决,还可以帮助写作者了解哪些内容是文案必须涵盖的。总而言之,写作者应当重点撰写对项目或活动的实施起重要作用的部分。例如,在当前的社会环境下,竞争异常激烈,政策风险、市场风险和财务风险等潜在的风险因素都可能对项目或活动的结果产生影响,因此,风险预测和分析就是文案中应当体现的重要内容。

4. 紧迫的是什么

写作者应认真思考,对于某个项目或活动而言,哪些内容是需要自己尽快了解的,哪些工作是需要策划者尽快完成的。在文案写作中,对目标达成产生重大影响的要素是需要写作者尽快了解和明确的。如果缺乏必要的资料或信息,文案写作可能会受到阻碍。以撰写"××茶品营销策划方案"为例,如果写作者需要在文案中对茶品市场进行分析,获取市场调查数据就是至关重要的,这也是写作者应当尽快完成的任务;如果有关市场调查的资料或信息不充分,文案没有这些数据作为支撑,文案的写作就会受到影响。

5. 关键的是什么

对于写作者而言,明确写作任务的轻重缓急至关重要,合理安排工作的先后顺序是实现高效写作的关键。写作者要优先撰写对文案的质量影响最大的部分,即文案的核心内容或关键内容,这些内容通常对项目或活动的策划和实施影响较大。

二、文案写作的专业知识要求

文案写作是一项系统性的工作,涵盖了多个学科的知识,如语言学、心理学、社会学、经济学、营销学等。写作者应掌握文案写作所需的专业知识和技能。

一般来说,写作者应具备以下几个方面的专业知识。

1. 语言学知识

写作者应具备较为扎实的语言学知识和语言应用能力,熟练掌握和运用语义、语法、修辞、语用等方面的知识,能够根据不同行业领域的文案写作要求进行写作。

2. 心理学知识

写作者应了解目标受众的性格特点、需求、习惯、心理特征等,使文案的有关内容更具有针对性。

3. 社会学知识

任何事情都与具体的社会环境相关联,这就要求写作者根据具体的社会环境发现问题、分析问题,并最终解决问题。因此,了解和掌握一定的社会学知识是十分必要的。

4. 经济学知识

一般来说,文案会涉及某一行业领域的经济现象、经济活动现状、投入与产出的关系等。写作者如果对经济学知识一窍不通,就会在写作中犯知识性错误,无法准确地运用经济学的相关概念和术语。

5. 营销学知识

在文案写作中,写作者应以营销学理论为基础,借助相关知识分析问题、解决问题。这就要求写作者掌握一定的营销学知识,如营销的理念、原则、任务、手段和工具等。

6. 其他知识

文案写作是一项综合性较强的工作,写作者应广泛汲取各个学科、各个专业的知识,以备不时之需。在涉及具体的专业问题时,写作者可以不是专家,但也不应当是这个专业的外行。

本章关键词

文案写作　写作技巧　材料的收集与选择　写作者应具备的意识

思考与讨论

1. 文案写作中语言的运用原则有哪些?
2. 写作者在文案写作中可以运用哪些写作技巧?
3. 如何选择文案的写作材料?
4. 写作者应具备哪些意识?
5. 文案写作要求写作者具备哪些专业知识?

第四章
文案中的表格、插图、附录与附件

学习目标

知识目标：掌握表格的构成、编制要求及分类，掌握插图的构成、绘制要求及分类，了解附录与附件的概念和区别。

能力目标：能够在文案写作中规范地使用表格、插图、附录与附件。

素养目标：在文案写作中做到严谨、细致，提高文案写作的专业性。

内容简介

★ 表格的构成、编制要求及分类

★ 插图的构成、绘制要求及分类

★ 附录与附件的概念及常见形式

第一节 表　格

表格是一种强大的数据展示和分析工具。人们可以借助表格将数据组织成清晰的行列格式,便于阅读、分析和比较。

一般来说,针对复杂项目或大型活动撰写的文案所涉及的事项、内容通常较多,采用表格的形式呈现有关内容会使文案结构更为严谨,使呈现效果更为直观。

一、表格的构成

表格一般由表号、表题、表头、表身、表注构成。

表号,即表格的编号。

表题,即表格的名称。

表头,即纵向排列或横向排列的对表格各行或各列单元格内容进行概括和提示的栏目。

表身,即表头之外的单元格总体。

表注,即对表格或表格中某些内容加以注释或说明的文字。

表头和表身构成表格的主体,一般分为行和栏。横线称为行线,竖线称为栏线。表头与表身之间的线称为表头线。表格的四周将表头与表身一起围住的线统称为表框线,表框线包括顶线、底线和墙线。

二、表格的编制要求

依据《学术出版规范 表格》(CY/T 170—2019),在文案写作中,表格的编制应符合如下要求。

(一) 表号

(1) 表格应有表号并应在正文中明确提及。

(2) 表格可全文依序编号或分章依序编号。全文依序编号,方式如"表1""表2"。分章依序编号,方式如"表1-1"或"表1.1",前一数字为章号,后一数字为本章内表格的顺序号,中间用分隔符"-"(短横线)或"."(下圆点)连接。

(3) 只有一个表格时仍应编号。

(4) 表格编号方式应统一。

(5) 表格编号方式应与正文中插图、公式的编号方式一致。

(二)表题

(1) 表格应有表题。
(2) 表题应简练并明确表示出表格的主题。

(三)表头

(1) 表格应有表头。
(2) 表头中不应使用斜线。
(3) 表头中的栏目归类应正确,栏目名称应确切、简洁。表头可分层。
(4) 表头中量和单位的标注形式应为"量的名称或符号/单位符号"。
(5) 表格中涉及的单位全部相同时,宜在表的右上方统一标注。

(四)表身

(1) 表身中单元格内的数值不宜带单位。
(2) 表身中同一量的数值修约数位应一致。如果不能一致,应在表注中说明。
(3) 表身中如果一个单元格内包含两个数据,其中一个数据应用括号括起,同时需要在表头或表注中说明。
(4) 表身中单元格内可使用空白或一字线"—"填充。如果需要区别数据"不适用"和"无法获得",前者可采用空白单元格,后者可采用一字线,并在正文或表注中说明这种区别。
(5) 单元格内的数值为零时应填写"0"。
(6) 表格中上下左右的相邻单元格内的文字、数字或符号相同时可分别写出,也可采用共用单元格的方式处理。

(五)表注

(1) 表注宜简洁、清晰、有效。对既可在表身又可在表注中列出的内容,宜在表身中列出。
(2) 表格出处注宜以"资料来源"引出。
(3) 全表注宜以"注"引出。
(4) 表格内容注应按被注文字或数字在表格中出现的先后顺序,在被注文字或数字的右上角标注注码(宜采用圈码),在表下排注码和注释文字。
(5) 表格有两种或两种以上注释时,宜按出处注、全表注、内容注的顺序排列。

三、表格的分类

根据不同的标准划分,表格可划分为不同的类型。

(一) 按分组情况划分

按分组情况划分，表格可分为简单表、简单分组表和复合分组表。

1. 简单表

简单表即填充内容未经分组，仅对某些项目（如时间、地点、名称等）进行简单罗列的表格，如表 4-1 所示。

表 4-1　会议安排表

日期	时间	地点	会议内容	主持人	参加人
2025 年 4 月 4 日	8:30—11:30	303 室	企业财务管理	王玉纲	王　闯　李三强 刘术佳　李俊皓

2. 简单分组表

简单分组表即只对某一个项目的数据进行统计的表格，如表 4-2 所示。

表 4-2　某企业职工学历分布统计表

学历	人数/人	比重
高中及以下	37	15.95%
专　科	48	20.69%
本　科	139	59.91%
研究生及以上	8	3.45%

3. 复合分组表

复合分组表即对两个或两个以上项目的数据进行统计的表格，如表 4-3 所示。

表 4-3　某工厂工人工种及性别分布统计表

工种	性别	人数/人
车工	男	30
	女	10
	小计	40
刨工	男	40
	女	10
	小计	50
铣工	男	80
	女	20
	小计	100

(二) 按作用划分

按作用划分，表格可分为调查表、汇总表和分析表。

1. 调查表

调查表即在调查中用于收集原始资料的表格,如表 4-4 所示。

表 4-4　企业培训调查表

部门		岗位		
是否参加过企业培训?		□ 是	□ 否	
对于企业培训的内容设置是否认同?		□ 十分认同	□ 比较认同	□ 不认同
对于企业培训的时间安排是否认同?		□ 十分认同	□ 比较认同	□ 不认同
是否存在未参加企业培训的情况?		□ 存在	□ 不存在	
参加企业培训是否对工作有帮助?		□ 有帮助	□ 没有帮助	
是否会参加下一次的企业培训?		□ 会	□ 不会	
您对于企业培训还有哪些建议?				

2. 汇总表

汇总表即用于汇总和呈现统计结果的表格,如表 4-5 所示。

表 4-5　某公司 2024 年 1—6 月产品销售额汇总表

单位:万元

月份	台式电脑销售额	笔记本电脑销售额	手机销售额	摄像机销售额
1 月	60.31	81.10	10.32	9.25
2 月	70.23	76.28	21.33	7.99
3 月	88.09	83.19	18.56	14.35
4 月	75.60	85.60	24.36	12.35
5 月	66.68	90.28	20.22	9.47
6 月	77.25	69.66	26.44	14.65

3. 分析表

分析表即统计分析中用于定量分析的表格,使用分析表便于展现各项数据的区别和联系,如表 4-6 所示。

表 4-6　2020—2024 年获奖人数分析表

年份	获奖人数/人	比重
2020 年	4	8%
2021 年	5	10%
2022 年	15	30%
2023 年	12	24%
2024 年	14	28%

第二节　插　　图

插图即排在文字中间配合说明内容的图。好的插图不仅能起到突出主题思想的作用，还能起到美化版面、提高读者阅读兴趣的作用。

一、插图的构成

插图一般由图、图号、图题、图注构成。图号，即插图的编号。图题，即插图的名称。图注，即对插图或插图中某些内容加以说明的文字。

二、插图的绘制要求

依据《学术出版规范　插图》(CY/T 171—2019)，在文案写作中，插图的绘制应符合以下要求。

（一）图

(1) 内容与形式应力求统一。风格、体例应一致。
(2) 线条图应清晰，线形选用、线条粗细应规范，色调准确，图形布局合理、大小适当。
(3) 连续色调图应清晰，层次感和饱和度适当。

（二）图号

(1) 正文中提到的插图应编号，并在正文中用同一编号提及。
(2) 插图可全文依序编号或分章依序编号。全文依序编号，方式如"图 1""图 2"。分章依序编号，方式如"图 1-1"或"图 1.1"，前一数字为章号，后一数字为本章内插图的顺序号，中间用"-"(短横线)或"."(下圆点)连接。
(3) 只有一个插图时仍应编号。
(4) 分图宜使用字母编号。
(5) 插图编号方式应统一。
(6) 插图的编号方式应与正文中表格、公式的编号方式一致。

（三）图题

(1) 插图宜有图题。
(2) 图题应准确、简明地阐释插图内容。

(四)图注

(1)图中未能表达又需要表达的信息应在图注中加以说明。图注分为图元注和整图注。

(2)图元注是图构成单元或元素的名称或对其所作的说明,可直接标注在图元附近或者通过指引线标注。图元注数量较多或文字较长时,可通过指引线标注注码(阿拉伯数字或拉丁字母),在图下或图侧集中放置注码和注文。注码应按顺时针或逆时针方向顺次排列。

(3)图例是给出图中符号、图形、色块、比例尺等的名称和说明的图元注,图例系统应完备、一致。

(4)整图注是对图整体(包括图的来源等)所作的说明,可用"注"引出或用括注等形式表示。

(5)指引线应间隔均匀、排列整齐,不得相交。可画成折线,但只可曲折一次。

三、插图的分类

在文案写作中,较为常见的插图包括饼状图、柱状图、折线图、结构图、水平分层图、流程图、甘特图、矩阵图、鱼骨图等。

(一)饼状图

饼状图是指用圆形及圆内扇形的面积来表示数值大小的统计图。饼状图通常用于显示一个数据系列中各项数据在总体中所占的比例。饼状图可以形象地反映部分与总体的关系,如图4-1所示。

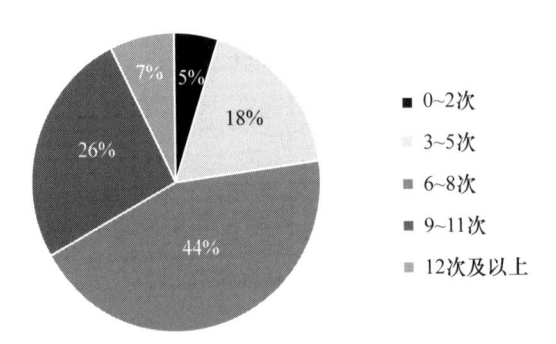

图4-1 员工参与企业培训的次数统计

饼状图的绘制要求如下。

(1)仅有一个要绘制的数据系列。

(2)各个部分的比例之和应为100%。

(3)扇形区域的大小应正确反映数据比例。

(4)图中应体现各个部分的百分比。

(5)图中的各个部分一般用不同颜色表示。

(6) 可通过添加图例说明每种颜色所代表的项目。

（二）柱状图

柱状图是指用一系列高度不等的矩形直观地展示统计数据的统计图。柱状图通常用来显示按性质分类的间断性数据的数量大小及其对比关系，如图 4-2 所示。

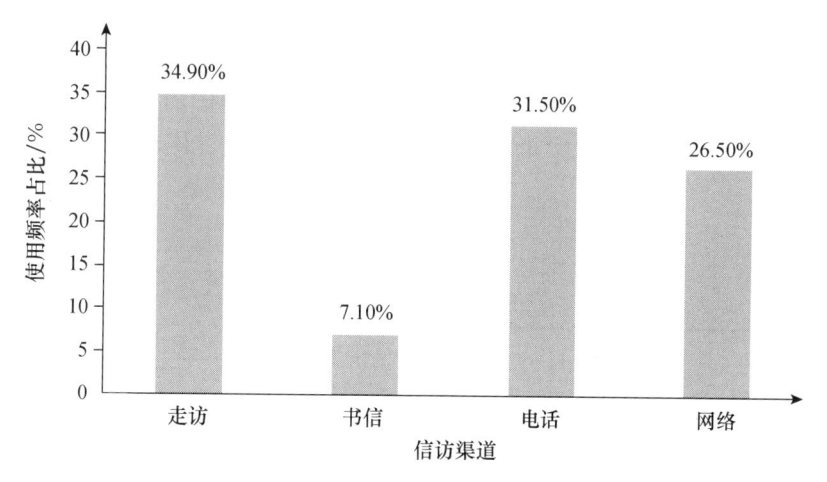

图 4-2　A 市群众信访渠道使用情况

柱状图的绘制要求如下。
(1) x 轴和 y 轴都有清晰的标签，以描述数据的含义。
(2) 可使用不同的颜色区分不同的类别。
(3) 确保 y 轴的刻度适当，以便相关数据能清晰显示。

（三）折线图

折线图是指以折线的上升或下降来表示统计数据的增减变化的统计图。人们可借助折线的升降变化来了解统计对象的变化趋势，如图 4-3 所示。它在分析、研究社会经济现象的发展变化、依存关系等方面具有重要作用。

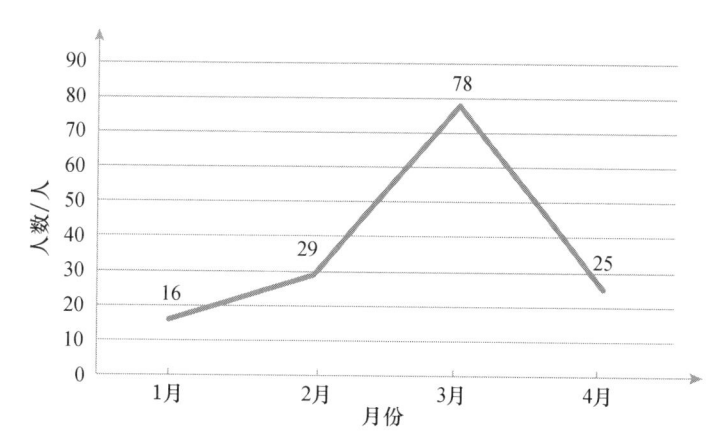

图 4-3　2025 年 1—4 月某公司营销活动参与人数分布情况

折线图的绘制要求如下。
（1）坐标轴的标签应简洁明了，要清晰地标注单位。
（2）避免使用过于复杂的线条样式。
（3）折线连接点的上方应标注具体数值。
（4）如果图表中包含多条折线，应添加图例以区分不同的数据系列。

（四）结构图

结构图是一种主要用于表示系统或项目中各要素之间关系的图。结构图由一个个模块组成，每个模块代表一个要素，若干个模块被直线连接了起来，以体现各模块之间的逻辑关系，如图 4-4 所示。

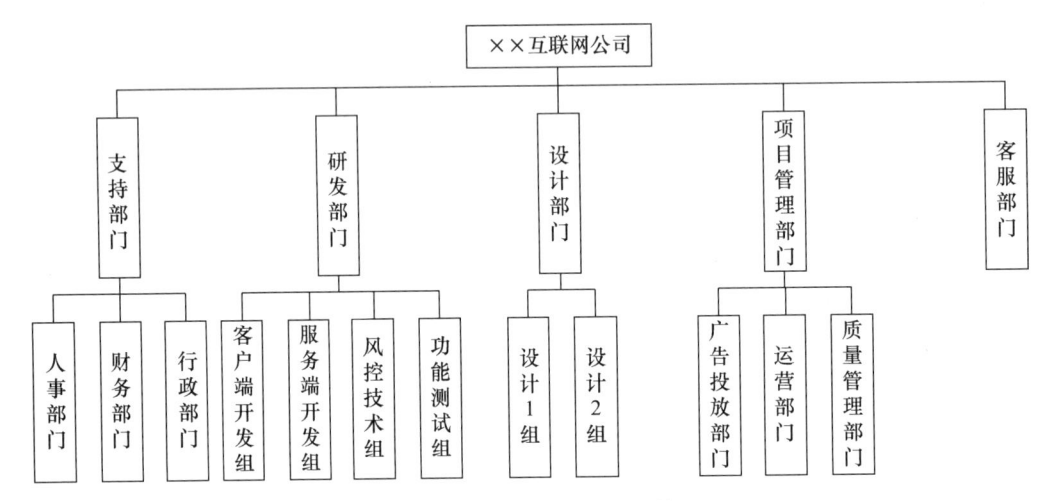

图 4-4　某互联网公司组织结构图

结构图的绘制要求如下。
（1）结构图的层级关系应清晰、明确，清楚地反映各模块的从属关系。
（2）结构图中应使用标准的符号和图形，以提高信息的可理解性和易读性。
（3）可在结构图中添加必要的注释和说明，以帮助读者更好地理解结构图中的内容。
（4）可使用不同的颜色、线条、图形来区分不同的部分和层级。

（五）水平分层图

水平分层图是一种用于展示系统或组织结构中各层级之间关系的图。它通过将整体划分为不同的水平层级来展现系统的结构或组织的架构，如图 4-5 所示。

水平分层图的绘制要求如下。
（1）应为每一层添加相应的说明，以便读者能够更好地理解相关信息。
（2）应确保层与层之间的关系清晰。
（3）可通过调整颜色、线条等元素，使其美观并易于阅读。

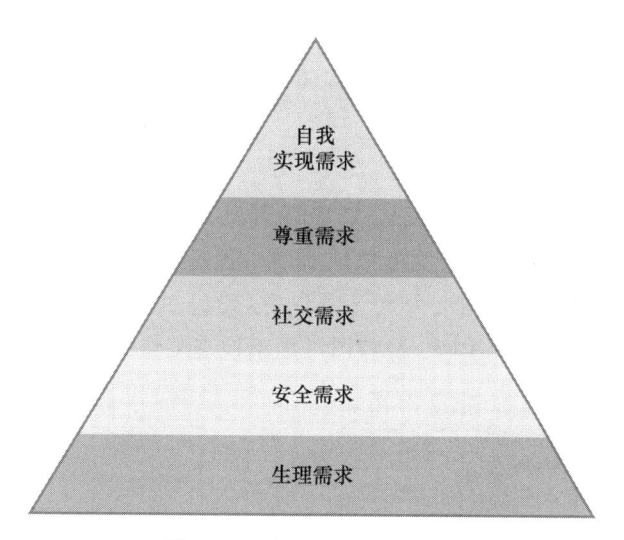

图 4-5　马斯洛需求层次模型

（六）流程图

流程图由若干图框和流程线组成，主要用于展现工作的流程和步骤。图框中的文字用于说明具体步骤，流程线用于展示步骤和次序，如图 4-6 所示。

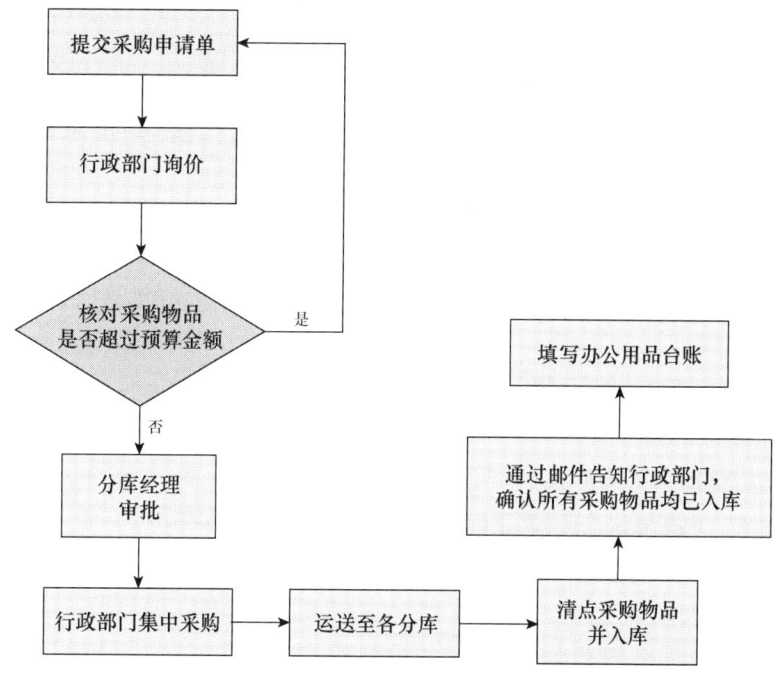

图 4-6　办公用品采购流程

流程图的绘制要求如下。
（1）要遵循从上到下、从左到右的顺序绘制流程图。
（2）使用箭头指示步骤的具体顺序，确保流程图的流向和路径准确无误。

(3) 在决策点明确列出分支和结果。

(4) 合并重复或相似的步骤，以降低流程的复杂程度。

（七）甘特图

甘特图又称横道图，由亨利·甘特于 1910 年开发。

甘特图借助活动列表和时间刻度形象地展示出各特定项目的具体进度与持续时间，如图 4-7 所示。甘特图具有简单、醒目和便于绘制等特点。甘特图能直观地展现各任务的时间节点、任务的实际进展情况。因此，甘特图可用于检查工作的完成情况。

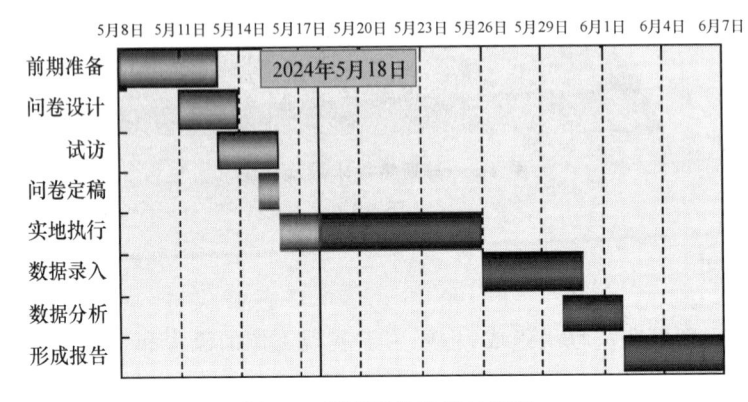

图 4-7 调查工作进度甘特图

甘特图的绘制要求如下。

(1) 为了使绘制出的甘特图完整、准确，绘制者需要收集与任务相关的各项信息，如任务名称、时间期限、资源分配、工作流程等。

(2) 在绘制过程中应注重图表的直观性和易读性，可使用不同的颜色或标记来区分不同类型的任务或时间节点。

(3) 绘制者应根据任务的变化和进展情况定期对甘特图进行更新，以保证甘特图的时效性。

（八）矩阵图

矩阵图是指借助矩阵的形式展现各要素之间相互关系的图，如图 4-8 所示。矩阵图主要用于分析现象、问题与组合要素之间的关系，描述问题与原因的关联，寻找解决问题的对策。

矩阵图的绘制要求如下。

(1) 选择合适的矩阵图类型。

(2) 根据所选矩阵图类型，规划矩阵图的布局。

(3) 通过调整形状、色彩等方式强化关键信息，提高矩阵图的可读性和美观度。

(4) 在矩阵图上添加文字注释、箭头指示等，帮助读者理解矩阵图的内涵。

(5) 确保矩阵图的逻辑顺序和关联关系合理。

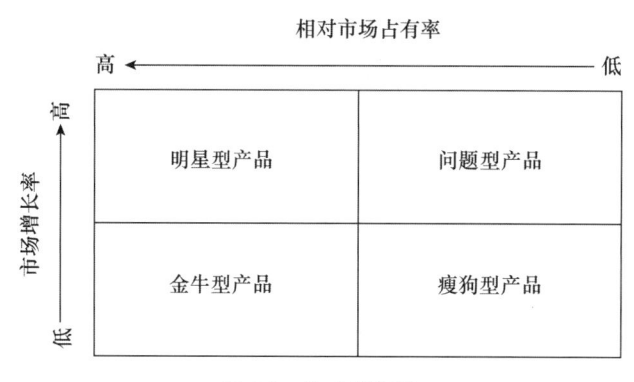

图 4-8　波士顿矩阵

（九）鱼骨图

鱼骨图由日本管理大师石川馨发明,故又名石川图。鱼骨图采用类似鱼骨的结构表示原因和结果之间的关系,问题标在"鱼头"处,"鱼骨"处标注分析的主要方面,"鱼骨"长出的"鱼刺"上需要列出出现问题的原因,如图 4-9 所示。

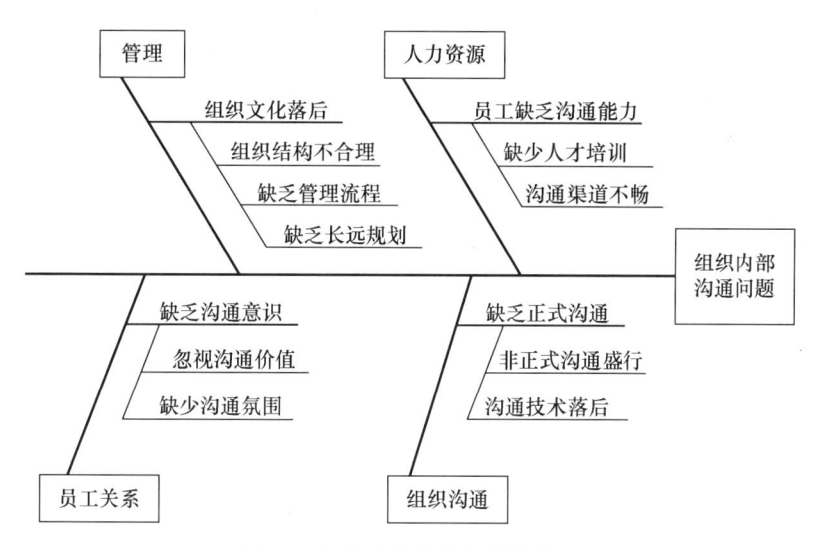

图 4-9　组织内部沟通问题鱼骨图

鱼骨图的绘制要求如下。

（1）明确要解决的问题,把问题写在"鱼头"上。

（2）应尽可能多地找出问题并分析问题出现的原因。

（3）对原因进行分组,在"鱼骨"长出的"鱼刺"上标明有关原因。

第三节　附录与附件

附录与附件均附属于正文,根据文案内容需要,正文后一般会附有附录或附件。附录与附件具有不同的功能和形式。

一、附录

附录是指附在正文后面与正文有关的文章或参考资料,通常以纯文本的形式呈现。附录一般需要另面编排,与正文一起装订。对于一些不宜放在正文中,但有参考价值的内容,写作者可将其编入附录中。比正文中的有关内容更为详尽的理论根据、研究方法和技术要点,建议阅读的参考文献,有助于理解正文内容的补充信息,由于篇幅过长不宜写入正文的材料,某些重要的原始数据、图片和表格等,都可以在附录中呈现。

一般情况下,附录要体现附录题目和与附录内容有关的表述。如果附录中有多项内容,写作者应当编排次序,如附录1、附录2、附录3。

附录的常见内容包括以下几种。

(1) 原始数据、统计数据、实验数据等。

(2) 与正文内容有关的重要文献。

(3) 详细的数学推导过程、算法细节、技术细节等。

(4) 图片、表格、程序代码等。

(5) 调查问卷、访谈记录等。

二、附件

附件是指与正文内容有关的用于补充说明的文件或资料。附件的形式是多样的,图片、音频、视频、软件等都可作为附件。

如果文案只包含一个附件,则不必标记序号;如果文案包含多个附件,则需要标记序号,如附件1、附件2、附件3等。

写作者如果希望对文案的内容进行进一步的补充和丰富,可将相关材料(如宣传册、产品样本、证明文件、光盘等)作为文案的附件,以便读者了解更多与文案内容相关的信息。写作者可根据实际需要选择适当的内容作为附件。需要注意的是,附件中的内容应当简洁明了,不应与文案内容重复。

本章关键词

表格　插图　附录　附件

思考与讨论

1. 表格和插图有哪些构成要素？
2. 附录与附件有哪些相同之处和不同之处？
3. 在网上找一篇文案，仔细检查其中的表格和插图，指出其存在的不规范之处并进行修改。

下编

专题写作篇

第五章

营销策划文案

学习目标

知识目标：了解与营销策划文案相关的基本理论知识，熟练掌握营销策划文案的写作方法。

能力目标：具备撰写各类营销策划文案的能力。

素养目标：掌握营销战略与营销技巧，树立正确的营销理念，熟练掌握营销策划文案的写作技巧。

内容简介

★ 营销策划文案的相关概念
★ 营销策划的工作思路
★ 营销策划文案的内容与结构
★ 营销策划文案设计案例
★ 营销策划文案写作实战训练

第一节　营销策划文案概述

一、营销策划文案的相关概念

从广义上讲，营销是指企业或个人通过一系列的策略和活动，以满足消费者需求为核心，促进产品或服务的销售，从而实现商业目标的过程。营销不仅限于销售行为本身，它是一种涵盖了从市场调研、产品策划、定价、促销、分销到售后服务的全链条活动。从狭义上讲，营销通常指的是向目标群体宣传和传播企业的产品或品牌，以促进销售。这主要涉及产品信息的传递、品牌形象的塑造以及销售活动的推广等方面。狭义的营销更侧重于销售环节，即通过广告、公关、促销等多种方式，提高产品的知名度和销量。

营销策划是以在生产经营领域或商业贸易领域获得更多的利益为最终目标，借助创造性思维的有效整合组织、策划各种营销活动。

营销策划文案也称营销策划案、营销策划书或营销计划书。营销策划文案是策划者针对营销活动写的文字说明。从某种意义上说，营销策划文案也是营销行为的指导方案。营销策划文案是营销活动的蓝图和指南，它能够帮助相关人员明确营销活动的目标、定位、策略和预期效果。营销团队可以通过营销策划文案详细、清楚地了解团队要达到什么目标，以及如何通过开展一系列活动实现这些目标。

市场营销战略策划文案、产品促销活动策划文案、产品推广文案、广告策划文案、营销谈判策划文案都属于营销策划文案。撰写营销策划文案对于营销活动的成功实施和品牌推广具有至关重要的意义。一篇好的营销策划文案不仅能够帮助企业提升营销效果，还能够指导营销活动的执行，相关人员还可以借助营销策划文案评估营销活动的开展效果。

二、营销策划的工作思路

营销策划是一项系统性工作，尊重事物发展的客观规律并进行科学的策划和运作是实现策划目标的先决条件。在营销策划工作中，策划者的思路要清晰。策划者应明确先做什么、后做什么，遵循一定的方法和原则，进行合理的设计与安排。

一般来说，营销策划的工作思路如下。

1. 确定营销目标

在策划营销项目的初期，策划者需要根据策划主体的实际情况，确定营销主体要实现的预期目标。这里所说的实际情况可以是商品的市场占有率、知名度、美誉度等，也可以是当前的市场状况。营销目标可以是促进企业与消费者的互动、实现深度营销，也可以是促进新产品的市场推广等。

总之,策划者必须依据营销目标有的放矢地开展营销策划。在开展营销策划前,策划者必须认真思考营销工作的总体目标。

2. 明确主题创意

明确主题创意就是寻找有助于实现营销目标的有力支撑点,也就是人们所说的"创意点"。只有明确了主题创意,策划者才能以此为依据,进行营销项目的内容设计。因此,主题创意不仅是营销策划的灵魂,更是营销策划的指南针。

3. 确定营销项目名称

明确了营销项目的营销目标及主题创意后,策划者还要给营销项目起一个既切合实际又富有吸引力的名称。营销项目的名称应当易读、易记,利于传播扩散,能吸引人们的关注,体现营销项目的主要内容和特色。

4. 设计营销项目内容

设计营销项目内容是整个营销策划工作的重要一环。营销项目的内容设计应根据营销目标和主题创意展开,营销项目的内容应当体现营销目标和主题创意。

5. 明确宣传主题

营销项目的成功离不开必要的宣传。如果策划者能够确定一个恰当的宣传主题,那宣传工作就成功了一半。一般来说,宣传主题应具有很强的号召力和感染力。策划者可以依据营销目标、主题创意、品牌风格和产品特性提炼宣传主题。

6. 明确营销项目的实施流程

在营销策划工作中,策划者应事先确定好营销项目的各项流程,明确各项工作的先后顺序和时间节点,其中也包含宣传工作的具体流程。

7. 选择合作媒体或宣传媒介

营销项目的成功开展离不开媒体的宣传。想要保证宣传的效果,策划者就必须选择恰当的媒体,制订合理的广告投放计划。策划者可借助电视、报纸、广播、网络、灯箱、海报、产品包装等媒体或媒介进行宣传。

8. 确定营销项目预算

为了保证整个营销项目的顺利开展,策划者必须事先确定营销项目预算。这就需要策划者列出整个营销项目所要支出的费用并进行分类,计算出总支出,并根据营销项目的预期效果对预算进行分析,以评估预算的合理性。

9. 制订并实施营销计划

营销计划的顺利实施是营销项目取得成功的保障。因此,策划者要制订细致、周密的营销计划并加以落实。策划者还要根据营销项目的进展和变化,及时对营销计划进行调整,以保证营销项目的顺利实施。

第二节 营销策划文案的内容与结构

撰写营销策划文案是营销策划工作中至关重要的一环。一篇优秀的营销策划文案能够清晰地传达营销策略、营销目标、执行计划及预期成果。

一般来说,营销策划文案由标题、正文和附录构成。一篇营销策划文案的正文部分通常涉及背景介绍、环境分析、态势分析、市场分析、营销目标、营销战略、营销策略、营销计划、预算方案、风险应对措施等内容。

会议策划文案的具体写作要求如下。

1. 标题

在拟定营销策划文案的标题时,写作者需要确保标题能够准确传达营销策划文案的核心内容。营销策划文案的标题应置于页面顶部中央,写作者可以采用正副标题的形式来撰写标题。主标题应当体现营销对象和营销内容,副标题应体现次要的信息,主副标题应分列两行。

2. 背景介绍

此部分应当体现策划项目的主要背景、策划团队的主要情况,以及目标市场和所处行业的主要状况。

3. 环境分析

写作者可以从宏观环境和竞争环境这两个方面对环境进行分析。宏观环境分析的分析对象包括人文环境、政治环境、自然环境、经济环境、技术环境等。竞争环境分析的分析对象包括竞争对手实力分析、竞争对手策略分析等。

4. 态势分析

写作者需要将与营销策划密切相关的优势、劣势、机会、威胁等要素列举出来。同时,写作者需要运用系统分析的方法,对各类要素进行分析,从而得出一系列结论。

5. 市场分析

在撰写营销策划文案时,写作者需要明确细分市场和目标市场。在分析细分市场时,写作者需要考虑地理因素、心理因素和社会因素等。在分析目标市场时,写作者需要明确市场定位和目标群体,分析目标市场的运行模式和主要结构。

6. 营销目标

在制定营销目标时,写作者应当先确立长期战略目标,再确立具体行动目标。营销目标应具有明确性、可衡量性、可行性和灵活性。

7. 营销战略

写作者需要在营销策划文案中明确营销战略。营销战略通常包括竞争战略、市场定位战略、产品生命周期战略和发展战略等。

8. 营销策略

营销策略通常包括产品策略、价格策略、促销策略和渠道策略等。在制定产品策略时,写作者应考虑产品层次、产品组合方式、品牌营销、包装设计、产品服务等因素。在制定价格策略时,写作者应考虑产品成本、消费者心理、定价目标等因素。在制定促销策略时,写作者应考虑促销目标、促销工具等因素。在制定渠道策略时,写作者应考虑产品性质、消费者特点、渠道管理和渠道系统等因素。

9. 营销计划

写作者应在营销策划文案中明确营销计划,例如销售队伍的规模和组织结构、营销机制、营销活动时间表、重要任务节点、具体任务指标等。

10. 预算方案

在撰写营销策划文案的过程中,写作者需要预估营销项目的相关成本并编制预算方案。在编制预算方案时,写作者应考虑主营业务成本、期间费用、资本性支出等因素。

11. 风险应对措施

由于市场环境具有不确定性,相关人员在开展营销工作的过程中需要应对各种类型的风险,如信用风险、竞争风险、外汇风险、政策风险、商品价格风险等。因此,写作者在撰写营销策划文案时需要考虑相应的风险应对措施。

12. 附录

营销策划文案的附录通常包括数据分析表、资金预算表、现状分析图、竞争分析报告、市场调查报告等内容。

第三节 营销策划文案设计案例

"茗韵"系列茶品营销策划方案

一、背景介绍

今年,清源茶叶公司匠心独运地推出了"茗韵"系列茶品。"茗韵"系列茶品不仅承载着千年茶文化的精髓,更体现了现代人对健康和品质生活的向往与追求。作为茶行业的佼佼者,清源茶叶公司深知,在快节奏的现代生活中,一杯好茶不仅能给人们带来味觉上的享受,更能给人们带来心灵的慰藉。"茗韵"系列茶品的推出旨在让每一位品茶人都能感受到茶的独特韵味。

二、环境分析

当前,茶叶市场正向着多元化、品质化、品牌化的趋势发展。随着人们生活水平的提高和健康意识的增强,茶叶的市场需求在持续增长。同时,互联网技术的飞速发展为茶叶销售提供了更为广阔的平台,线上销售渠道的不断拓展使得不少茶叶品牌能够更加便捷地触达消费者。面对激烈的市场竞争,如何在众多品牌中脱颖而出是清源茶叶公司必须面对的挑战。

三、态势分析

(一)优势

1. 茶品品质卓越。"茗韵"系列茶品选用优质的茶叶原料,结合传统工艺与现代技术制作而成,品质上乘,口感独特。
2. 注重打造品牌的文化价值。清源茶叶公司致力于深入挖掘并传播茶文化的独特魅力,以增强品牌的文化价值。
3. 销售渠道多样。清源茶叶公司采取线上和线下相结合的销售模式,以覆盖更多的消费者。

（二）劣势

1. 品牌知名度有限。相较于一些老字号的茶叶品牌，"茗韵"系列茶品在品牌知名度上仍有提升的空间。

2. 产品创新不足。虽然"茗韵"系列茶品品质优良，但在产品创新与差异化方面仍有待改进。

（三）机会

1. 市场需求增长。由于消费者对健康的重视程度不断加深，茶叶的市场需求在持续增长，这为"茗韵"系列茶品提供了广阔的发展空间。

2. 借助互联网技术。互联网技术的不断发展为"茗韵"系列茶品的销售提供了新的机遇，这有助于提升其品牌影响力和市场份额。

（四）威胁

1. 市场竞争激烈。茶叶市场竞争激烈，各大品牌纷纷加大营销力度，争夺市场份额。

2. 替代品带来威胁。随着饮品的多样化，咖啡、果汁等各种替代品对茶叶市场构成了一定的威胁。

四、市场分析

通过对目标市场的深入调查与分析，我们发现"茗韵"系列茶品的目标消费群体主要是中高收入人群。他们注重生活品质，追求健康、自然的生活方式，对茶文化有一定的了解和兴趣。同时，这部分消费者也更加注重品牌文化。因此，在进行产品推广的过程中，营销人员需要重点宣传"茗韵"系列茶品的文化内涵及品牌理念，以吸引并留住目标消费群体（参见附录1《"茗韵"系列茶品市场调查报告》）。

五、营销目标

1. 短期目标：在1年内，提升"茗韵"系列茶品的品牌知名度与市场份额。20××年至20××年，净利润达到×××万元。

2. 中期目标：在3年内，将"茗韵"系列茶品打造为具有广泛影响力和认可度较高的茶叶品牌，形成稳定的消费群体。20××年至20××年，净利润达到×××万元。

3. 长期目标：在5年内，将"茗韵"系列茶品打造为行业的领军品牌之一。20××年至20××年，净利润达到×××万元。

六、营销战略

1. 明确品牌定位。清源茶叶公司应当将"茗韵"系列茶品定位为高品质且具有高文化附加值的茶叶品牌,强调其独特的文化内涵与深厚的文化底蕴。

2. 明确目标市场。清源茶叶公司应当将中高收入人群作为目标消费群体,特别是茶文化爱好者与追求品质生活的消费者。

3. 实施差异化策略。清源茶叶公司应当通过产品差异化(如采用独特的包装设计)、服务差异化(如提供专业的茶艺指导、个性化定制服务)、品牌差异化(如打造有吸引力的品牌文化)等手段,提升"茗韵"系列茶品的品牌竞争力。

七、营销策略

(一)产品策略

1. 保证产品品质。清源茶叶公司需要继续坚持选用优质茶叶原料,采用传统工艺与现代技术,确保"茗韵"系列茶品的卓越品质。

2. 注重产品创新。清源茶叶公司需要根据市场需求与消费者反馈,不断推出新品,丰富产品线,满足消费者的多样化需求。

3. 重视包装设计。"茗韵"系列茶品的包装设计应当环保、美观,体现品牌的高端定位与文化内涵。

(二)价格策略

1. 采取差异化定价策略。营销人员应根据产品品质和市场需求,灵活调整产品的价格。

2. 开展促销活动。营销人员应定期组织促销活动,吸引消费者购买"茗韵"系列茶品。

(三)渠道策略

1. 重视线上渠道。营销人员应通过各大电商平台推广产品,提升品牌的曝光度与线上销售额。

2. 拓展线下渠道。营销人员要不断优化"茗韵"系列茶品线下门店的布局与服务,提升消费者的购物体验;加强与高端酒店、休闲会所的合作,拓宽销售渠道。

(四)推广策略

1. 宣传品牌故事。营销人员应当通过多种渠道宣传"茗韵"系列茶品的品牌故事,提升品牌的文化价值。

2. 借助社交媒体。营销人员应当积极联系茶文化领域的网络达人,与他们开展合作,通过他们的影响力提升品牌曝光率。

3. 进行体验式营销。营销人员应当在线下门店举办品鉴会、茶艺表演等活动,让消费者更直观地了解"茗韵"系列茶品。

八、营销计划

(一) 品牌宣传计划

1. 聘请专业团队对"茗韵"系列茶品的品牌故事进行优化,并通过图文、视频等多种形式进行呈现。
2. 通过社交媒体、电商平台、官方网站等渠道进行内容投放与广告宣传。
3. 筛选与品牌调性相符的网络达人并与其合作,共同推动产品的推广。
4. 在各大短视频平台开设"'茗韵'系列茶品"官方账号,定期发布茶艺教学视频、茶品测评视频等有关内容。

(二) 产品体验计划

1. 在线下门店或茶庄、茶馆定期举办品鉴会,邀请消费者和门店会员免费品茶并提供专业的品鉴指导。
2. 结合重要节日或品牌活动举办茶艺表演等活动。

(三) 渠道拓展计划

1. 优化线上渠道,提升电商平台的运营效率与服务质量,加强对官方网站与社交媒体账号的维护与更新。
2. 升级线下渠道,对线下门店的装修进行升级改造,加强与高端酒店、休闲会所的合作。了解有关详情可参见附录2《"茗韵"系列茶品市场营销布局图》。

九、预算方案

表 5-1 经费预算明细

序号	费用类型	用途	费用/万元	总计/万元
1	品牌宣传	内容创作、广告投放、达人合作、开展线上直播、制作短视频等	25	90
2	产品体验	组织品鉴会、茶艺表演活动等	10	
3	渠道拓展	优化线上渠道、升级线下渠道	30	
4	市场调研与数据分析	了解市场需求、分析竞争产品、开展消费者行为研究	5	
5	运营成本与人员成本	日常运营、团队建设、员工培训等	20	

注:以上预算为初步估算,实际执行过程中可能需要根据市场反馈、活动效果及企业资源等因素对相关费用进行调整。

十、风险应对措施

1. 面对市场竞争加剧所带来的风险,清源茶叶公司需要加强品牌建设与产品创新,提升品牌竞争力;同时,营销人员应当及时关注市场动态,灵活调整营销策略,以应对市场变化。

2. 面对消费者需求变化所带来的风险,营销人员应当定期进行市场调研与数据分析,了解消费者的需求变化,根据实际情况及时调整产品结构与营销策略。

3. 为了确保供应链的稳定性,清源茶叶公司应当建立稳定的供应链体系,与供应商建立长期合作关系。同时,清源茶叶公司应加强库存管理并健全风险预警机制,以应对供应链风险。

4. 清源茶叶公司应当加强品牌管理与危机公关能力,建立健全的售后服务体系与投诉处理机制,以维护品牌声誉。

十一、附录

附录1:"茗韵"系列茶品市场调查报告(略)
附录2:"茗韵"系列茶品市场营销布局图(略)

第四节　营销策划文案写作实战训练

一、根据要求撰写一篇营销策划文案

请为某奶茶品牌推出的某款产品撰写营销策划文案,可将市场分析、环境分析、营销策略、营销计划作为写作重点。

二、根据要求撰写营销战略分析报告的部分内容

请为本地的某旅游景点撰写营销战略分析报告的"背景介绍"部分(200字左右)和"市场分析"部分(800字左右)。"市场分析"部分应配有插图和表格。

三、根据要求撰写一篇营销策划文案

请根据所给材料为某家公司的某款果汁饮料撰写一份内容、结构完整的营销策划文案,部分内容可自拟。

近日,我公司对××市的果汁饮料市场进行了一次市场调查,我们根据调查数据对目前的果汁饮料市场进行了简要的分析。从目前的情况来看,消费者在选择果汁饮料时,主要追求的是健康、天然和营养。目前,果汁饮料市场竞争激烈,果汁饮料品种多、口味多。调查显示,每家大型超市都有上百种果汁饮料。提升果汁的品质、制定创新策略已成为果汁生产企业获取利润的重要手段。我们通过调查发现,品牌知名度较高的果汁饮料在市场上的销量是较为稳定的,淡旺季的界限变得不再明显。市场调查的相关数据如下。

1. 目标消费群

调查显示,在果汁饮料的消费群体中,15~24岁的人群占比达到了34.3%,25~34岁的人群占比达到了28.4%;同时,女性消费者多于男性消费者。

2. 影响销量的主要因素

(1)口味:酸甜口味的果汁饮料销量最高,低糖的营养性果汁饮料受到消费者的欢迎。

（2）包装：一些家庭倾向于购买750毫升和1升的大瓶装果汁饮料。人们在旅游时倾向于购买260毫升的小瓶装果汁饮料或利乐包的果汁饮料。人们在送礼时倾向于购买礼品装的果汁饮料。包装瓶可以被再次利用的果汁饮料销量较高。

3. 果汁饮料种类的选择

（1）8.3%的调查者表示自己只愿意喝一种果汁饮料。
（2）20.5%的调查者表示自己愿意喝两种至五种果汁饮料。
（3）71.2%的调查者表示自己愿意喝六种或六种以上的果汁饮料。

4. 果汁饮料品牌的了解渠道

（1）60%的调查者表示自己是通过广告了解果汁饮料品牌的。
（2）24.5%的调查者表示自己是在喝过某品牌的果汁饮料后才了解该品牌的。
（3）13.4%的调查者表示自己是在售卖饮料的商店或超市看到了某品牌的果汁饮料后才了解该品牌的。
（4）2.1%的调查者表示自己是通过亲友的介绍了解果汁饮料品牌的。

5. 购买渠道

（1）61.3%的调查者表示自己习惯于在小型超市购买果汁饮料。
（2）18.2%的调查者表示自己习惯于在大中型超市或商场购买果汁饮料。
（3）15.9%的调查者表示自己习惯于在批发市场购买果汁饮料。
（4）4.6%的调查者表示自己习惯于通过自助贩卖机购买果汁饮料。

6. 购买量

（1）62.4%的调查者表示自己习惯于喝多少就买多少。
（2）23.3%的调查者表示自己习惯于一次性购买很多果汁饮料。
（3）14.3%的调查者表示自己平时不习惯于购买果汁饮料。

第六章
会议策划文案

学习目标

知识目标：了解与会议策划文案相关的基本理论知识，熟练掌握会议策划文案的写作方法。

能力目标：具备撰写各类会议策划文案的能力。

素养目标：掌握会议策划的相关技巧，了解先进的会议策划理念，熟练掌握会议策划文案的写作技巧。

内容简介

★ 会议的概念和会议的相关要素

★ 会议的类型

★ 会议策划与会议策划文案的概念

★ 会议策划文案的主要特征

★ 会议策划文案的内容与结构

★ 会议策划文案设计案例

★ 会议策划文案写作实战训练

第一节 会议与会议策划文案概述

一、会议的概念

会议是社会组织之间及社会组织内部有关人员沟通情感、协商事宜、传递信息、达成共识的一种重要的活动形式,有助于帮助人们在生活、工作中处理有关问题。

一般来说,会议通常具备三个特征。一是必须有至少3人参加会议,二是与会者需要在会议中讨论相关议题,三是会议通常按照一定的程序进行。

二、会议的相关要素

一般来说,会议的相关要素通常包括会议名称、会议主题、会议议题、会议时间、会议地点、会议议程、会议日程、会议目标、与会者等。

1. 会议名称

会议名称是指会议的主办方给会议起的名字。会议名称可体现会议的主题、性质、主办单位、时间、届次、地点、范围、规模和参会对象等,如"广州××技术股份有限公司20××年度年终工作总结大会"。

2. 会议主题

会议主题是会议的主办方根据会议议题归纳而成的。一般来讲,大中型会议才有确立会议主题的必要,小型会议或日常会议不必确立会议主题。例如,中国环境科学学会2024年科学技术年会的主题是"科技创新赋能美丽中国建设"。

3. 会议议题

会议议题是会议的主办方根据会议目标拟定的需要与会者在会议上讨论或解决的具体问题。有的会议只有一个议题,有的会议则有若干个议题。

人们在确定会议议题时应遵循四项基本原则:① 必需原则,即拟定的会议议题具有探讨的价值;② 清晰原则,即拟定的会议议题一定要清晰、明确;③ 有限原则,即会议议题的数量必须是有限的;④ 相近原则,即如果某些会议议题存在内在联系,那么这些会议议题应当被安排在同一场会议上。

4. 会议时间

会议的主办方应当选择恰当的会议时间，既要避开重要节日、重大事件和其他重要会议，又要考虑到与会者的相关情况，以便增强与会者的参会积极性，提高会议的质量。会议时间的长短与会议议题的数量有关。

5. 会议地点

会议地点是指开会的地点。会议的主办方应当将会议安排在安静、舒适的场地。一般来说，大型会议通常会被安排在会议中心、会展中心、酒店、高等院校等场所。

6. 会议议程

会议议程指的是会议的召开程序。会议的主办方应在会议召开前编制会议议程并形成书面材料。会议的主办方在编排会议议程时应遵循以下三项原则：① 根据轻重缓急安排会议议程，紧要的、重大的议题应被安排在会议的前半程，不重要的议题应被安排在会议的后半程；② 每个议题的讨论时间都应当是具体的、明确的；③ 保密性议题应被安排在会议的后半程。

7. 会议日程

会议日程是指会议期间各项活动的时间安排。会议的主办方应编制会议日程，在会议日程中详细地列出会议的开始时间、结束时间、休息时间、召开地点等。与会者可以通过会议日程了解会议的整体安排，从而在正确的时间和地点参加会议。在编排会议日程时，有关人员应将日程安排得科学、合理。

8. 会议目标

会议目标是指组织或举办会议所期望达到的具体目的。设定会议目标是会议策划工作的重要一环，所有的会务工作都必须围绕着会议目标展开。

9. 与会者

与会者是指参加会议的人，其中包括主办方、承办方、协办方的有关人员，以及主持者、参加者等。

主办方是指具体策划、发起会议的单位。有些会议直接由主办方组织；而有些会议由主办方发起，由承办方、协办方负责组织与实施。策划者应当在实际工作中分清主办方、承办方和协办方之间的区别，并明确各方承担的职责。

主持者即主持人，主持者在会议中扮演着特殊的角色。主持者的任务包括：有效地组织会议，介绍领导和来宾，说明举办会议的意义和目的，控制会议的进程，调动与会者的情绪，营造良好的会场氛围，对会议内容进行总结等。

三、会议的类型

会议的种类纷繁复杂，不同类型的会议有不同的作用。

(一) 根据会议性质分类

法定性会议或制度性会议，如党代会、团代会等。
决策性会议，如理事会会议、董事会会议等。
工作性会议，如动员会、工作布置会、经验交流会、现场办公会、总结会、座谈会、协调会等。
专业性会议，如研讨会、听证会、答辩会、鉴定会等。
知照性会议，如表彰会、纪念会、庆功会、碰头会等。
商务性会议，如招商会、订货会、展销会、贸易洽谈会、观摩会、产品推介会、促销会等。
联谊性会议，如茶话会、团拜会、恳谈会、联谊会等。
信息性会议，如新闻发布会、记者招待会、报告会、咨询会等。

(二) 根据会议时间的固定性分类

根据会议时间的固定性分类，会议可分为定期会议和不定期会议。定期会议是指有固定召开时间的会议，如部门例会。不定期会议是指根据需要随时召开的会议。

(三) 根据参会人数分类

根据参会人数划分，会议可分为特大型会议、大型会议、中型会议、小型会议。特大型会议是指参会人数大于等于1万人的会议，大型会议是指参会人数大于等于1000人、小于1万人的会议，中型会议是指参会人数大于等于100人、小于1000人的会议，小型会议是指参会人数大于等于3人、小于100人的会议。

(四) 根据会议阶段分类

根据会议阶段分类，会议可分为预备会议和正式会议。预备会议是指为保证会议的顺利召开而在正式会议召开之前召开的准备会议。

(五) 根据会议召开方式分类

根据会议召开方式分类，会议可分为常规会议、电话会议、电视会议、网络会议等。常规会议一般是指与会者坐在同一个会场中，按照既定程序召开的会议。电话会议是指通过电话将一个会场的声音信号传送到其他会场，让其他会场的与会者同时参会的会议，召开这种形式的会议可以节约时间和成本。电视会议是指通过有线电视信号将某个会场的声音和画面传到其他会场中，让其他会场的与会者同时参会的会议。网络会议是指利用网络技术召开的会议，由于网络具有交互性，参会各方均可在网络会议上发言、讨论。

四、会议策划与会议策划文案的概念

会议策划是指为了使会议能够按照预定的目标、主题和议程顺利进行而开展的策划工作。会议策划涉及多个方面的工作,包括确定会议目标、选择会议地点、安排会议日程、邀请参会人员、设计会议内容、准备会议材料、调试会议设备、安排餐饮住宿等。

会议策划文案是指为开展会议策划工作而编写的书面材料。会议策划文案应详细阐述会议的目标、内容、流程、议题、时间安排、场地布置等各个方面。撰写会议策划文案是会议策划工作的重要组成部分,会议策划文案则是确保会议顺利进行的重要工具。

五、会议策划文案的主要特征

会议策划文案的主要特征包括以下两点。

1. 全面性

会议策划文案的内容必须涵盖会议组织与管理的方方面面,体现会议筹备过程中的每一个环节,以便会议组织者和会议筹备小组的工作人员开展工作。

2. 明确性

会议筹备过程中的每一个环节的目标、会议筹备小组的每位工作人员的职责等内容应当在会议策划文案中得到体现。

第二节 会议策划文案的内容与结构

在会议筹备过程中,会议策划文案的写作者需要在文案中对会议准备工作的组织和实施情况进行阐述。会议的成功与否与会议策划文案的质量有着很大的关系。因此,在开展策划工作的过程中,会议策划文案的撰写是至关重要的一环,它不仅是会议实施的基础,更是确保会议能够按照预期目标顺利进行的关键。

一般来说,会议策划文案由标题、正文和附录构成。一篇会议策划文案的正文部分通常包括:会议名称,会议目的,会议时间,会议地点,参会人员,会议议程,会议筹备小组成员分工,会议资料、会议设备和相关用品,会议费用预算。

会议策划文案的具体写作要求如下。

1. 标题

会议策划文案的标题通常应体现会议的名称或会议的主要内容。例如,"××县政府20××年度工作总结暨表彰大会策划方案"。

2. 会议名称

一个恰当的会议名称应该与其实际情况相符,既不能过于冗长,也不能过于简化。恰当的会议名称应使用规范的书面语言。在确定会议名称前,写作者应当先明确会议的目标、主题、功能,并确定会议的类型。有些会议的名称是固定的,写作者在拟定这类会议的名称时通常要遵循一定的惯例和规范。

在确定会议名称时,写作者可以采用以下几种方法。

(1) 以"单位+会议内容"的形式命名,如"××集团职工代表大会"。

(2) 以"单位+时间+会议内容"的形式命名,如"××有限公司20××年度总结表彰大会"。

(3) 以"单位+时间+会议内容+会议类型"的形式命名,如"××有限公司20××年产品销售定价听证会"。

3. 会议目的

在撰写会议策划文案时,写作者要明确会议的具体目标,思考举办会议是为了解决特定问题,还是为了部署任务,抑或是出于其他目的。在阐述会议目的时,语言要精练,以便于读者快速、准确地理解会议的重要性和价值所在。策划者可以在写会议目的时适当提及实现该目的对与会者的积极影响,以体现会议的吸引力。

4. 会议时间

会议策划文案应明确体现会议的具体日期、开始时间和结束时间,如"20××年××月××日13:30—15:00",以确保与会者能够准确知晓会议的举办时间。若会议持续多天,会议策划文案应体现会议的起止日期。写作者在确定会议时间时应当考虑与会者的工作安排、行业活动规律等因素,使会议时间的设定更具合理性和可行性。

5. 会议地点

会议策划文案应体现会议的具体地点,如"××市××区××路××号××酒店",以便与会者能够准确找到位置。若会议地点较为偏僻或不太容易被找到,会议策划文案可适当说明周边的标志性建筑或提供交通指引信息。同时,写作者可在此部分说明会议地点附近是否有足够的停车位、场地设施是否完备等,从而让与会者对会议地点有更为直观的了解。

6. 参会人员

写作者应当在会议策划文案中详细列出参会人员的具体范围,如领导、嘉宾、行业专家、企业代表等。如果会议主办方对参会人员的职务、专业背景等有相应的要求,此部分应明确体现相关要求。

7. 会议议程

一般来说,与会者可以通过会议议程较为全面地了解会议的全貌。在编写会议议程时,写作者应按照时间顺序依次列出会议的各个环节,如开场致辞、主题演讲、小组讨论、总结发言等,每个环节都要明确标注开始时间和结束时间。同时,策划者应当对每个环节的内容进行简要的描述,让与会者提前了解会议的重点。会议议程的各个环节应当过渡自然,时间安排应符合具体情况,避免出现某个环节时间过长或过短的问题。此外,写作者还可以在编写会议议程时为某些环节预留一定的弹性时间,以应对可能出现的突发情况。

8. 会议筹备小组成员分工

写作者需要对会议筹备任务进行分解,使会议筹备小组的工作人员各司其职、相互协作,共同完成会议的筹备工作。会议筹备小组一般下设会务组、宣传组、活动组、后勤与保卫组等。

会务组主要负责确定会议目标、选择会址、确定与会者名单、拟定会议议程与会议日程、发布会议通知、准备证件、安排食宿、调配资源、布置会场、检查设备、管理会议经费等工作。

宣传组主要负责撰写宣传文案、工作报告、领导讲话、会议记录、简报,并联系媒体对会议进行宣传和报道。

活动组主要负责设计、策划和组织在会议召开期间开展的各种活动,如商务活动、娱乐活动。

后勤与保卫组主要负责会议期间的后勤服务工作、医疗救护工作和安全保卫工作。

9. 会议资料、会议设备和相关用品

(1) 会议资料。会议资料可分为来宾资料、会务资料和沟通资料。

来宾资料是指工作人员需要在与会者报到时分发给与会者的资料。负责分发来宾资料的工作人员应将资料整理好并放入资料袋中，以便与会者领取。来宾资料通常包括会议手册(含会议议程、会议日程、会议须知等)。

会务资料是指与会务工作、会议议程安排相关的资料。会务资料通常包括接站信息表、会议签到表、住宿登记表、会议讨论分组表等。

沟通资料是指为了有效传达信息、提高沟通效率而准备的资料。沟通资料通常包括会议宣传资料、会议报告、发言稿、会议参考文件、与会议有关的协议和合同等。

(2) 会议设备和相关用品。

不同的会议需要不同的会议设备与用品。写作者在编写会议议程的同时也可以将会议设备与相关用品清单一并列出，以便提前做好准备。

常用的会议设备包括笔记本电脑、投影仪、打印机、复印机、传真机、录音设备、录像设备等。会议中常用的用品包括一次性水杯、电池、剪刀、纸张夹、裁纸刀、胶带、双面胶、订书机、尺子、订书钉、回形针、大头针、胶水、白板、白板笔、粉笔、信封、便笺、铅笔、钢笔、信纸等。

10. 会议费用预算

写作者在编制会议费用预算时通常要考虑以下几个方面。

(1) 场地费。场地费是指租借会场所产生的费用。

(2) 设备费。设备费是指购买或租借会议所需的各种设备(如视听设备、通信设备、印刷设备)所产生的费用。

(3) 会场装饰费。会场装饰费包括制作会标、会徽、标语所产生的费用，以及购买或租借花卉、彩旗等物品所产生的费用。

(4) 文具、资料费。文具、资料费是指制作各类文件资料和会议证件所产生的费用，以及购买文具所产生的费用。

(5) 交通费。交通费包括差旅费、接送费和在会议期间开展的参观活动所产生的交通费。如果参会人员的差旅费由参会人员自己承担，写作者则不必将这部分费用列入预算。

(6) 食宿费。食宿费包括餐饮费和住宿费。如果参会人员的食宿费由参会人员自己承担，写作者则不必将这部分费用列入预算。

(7) 人工费。人工费是指支付给报告人、演讲者、专家、临时借用人员的酬金。会务人员的工资一般不计算在内。

(8) 娱乐休闲费用。如果会议主办方安排了参观、游览等休闲活动，写作者还要将购买景点门票、演出门票所产生的费用列入预算。

11. 附录

会议策划文案的附录部分通常包括与会议策划相关的资料。经常出现在会议策划文案的附录中的内容包括详细的日程安排、参会人员名单、场地布置图、设备清单、预算明细、工作人员联系方式等。

> **知识拓展**
>
> **撰写会议策划文案时应注意哪些问题？**
>
> 首先,细节决定成败。在撰写会议策划文案的过程中,会议的每一个环节都需要经过精心的设计和规划。例如,会议的主题和目标必须明确,会议时间、会议地点、参会人员等基本信息需要准确地体现在会议策划文案中。
>
> 其次,会议的规模不同,会议策划文案的写作要求也不同。撰写中小型会议的策划文案通常难度较低,而撰写大型会议的策划文案通常难度较高,因此,大型会议策划文案的撰写工作需要多人协作完成。为了保证会议策划文案的质量,会议组织者必须提前对写作者进行专门的指导,确保写作者充分而全面地了解会议的情况和会议的策划意图。
>
> 最后,写作者应根据评估会议策划文案质量的具体标准撰写会议策划文案。会议组织者应当在写作者开始撰写会议策划文案之前就将评估标准确定下来。通过设定评估标准,写作者可以更加清晰地了解会议策划文案的写作重点和难点,并有针对性地对会议策划文案的内容进行优化。

第三节 会议策划文案设计案例

××县政府20××年度工作总结暨表彰大会策划方案

一、会议名称

××县政府20××年度工作总结暨表彰大会。

二、会议目的

举办此次会议旨在总结过去一年中全县在经济发展、社会民生、环境保护等各个领域开展的主要工作和相关情况,表彰在各项工作中涌现出的先进集体和个人,进一步激发全县干部的工作热情,凝聚共识,明确方向,共同推动××县实现高质量发展。

三、会议时间

20××年2月7日8:00—11:30

四、会议地点

××市××区××路××号××会议中心301室

五、参会人员

县政府领导班子全体成员、乡镇政府领导班子全体成员、受表彰的先进集体代表和先进个人、县政府办公室全体成员等有关人员。

六、会议议程

(一)年度工作总结(8:00—9:00)

由县政府主要领导作全县年度工作总结,全面梳理过去一年本县在经济发展、民生改善、环境保护等方面的主要工作和成效。

（二）表彰先进(9:00—9:30)

由县政府主要领导公布并宣布"年度先进集体""年度先进个人"名单,通过表彰先进、树立典型,激励全县干部向榜样学习。

（三）经验分享与交流(9:30—10:30)

部分获奖代表上台发言,分享工作经验和心得体会,以促进各单位、各部门之间的学习和交流。

（四）部署下一年度重点工作(10:30—11:30)

县政府主要领导围绕本县下一年度的发展目标,部署下一年度的重点工作任务。

七、会议筹备小组成员分工

（一）会务组

组长：县政府办公室主任。
成员：县政府办公室相关工作人员。
职责：会务组主要负责安排日程、编制议程、发送会议通知、审核参会人员名单、安排会场座位等具体工作。

（二）宣传组

组长：县委宣传部部长。
成员：县委宣传部相关工作人员。
职责：宣传组主要负责会议的宣传工作,如拍摄照片、撰写新闻稿、制作宣传视频等。相关工作人员应当利用广播、电视、网络等多种渠道宣传本次会议。

（三）后勤与保卫组

组长：县机关事务管理服务中心主任。
成员：县机关事务管理服务中心相关工作人员。
职责：后勤与保卫组主要负责会议期间的后勤保障工作和安全保卫工作,如提供餐饮服务、维持会场秩序、保障参会人员安全等工作。

八、会议资料、会议设备和相关用品

（一）会议资料

此次会议的会议资料包括会议日程、会议议程、参会人员名单、座位安排图、表彰人员名单、县政府主要领导的工作总结报告等。

（二）会议设备

此次会议需要准备的设备包括音响设备、投影设备和摄像设备。

（三）相关用品

此次会议需要准备的相关用品包括名牌、桌签、获奖证书、笔记本、笔、矿泉水、资料袋等。

九、会议费用预算

表 6-1　会议费用预算明细

费用类型	项目	费用/元	总计/元
场地费与会场装饰费	会场租赁费	1000	7200
	背景板制作费	500	
	横幅制作费	300	
	鲜花 10 盆	200	
会议用品费	获奖证书 50 本	500	
	笔记本 50 本	250	
	笔 50 支	150	
	矿泉水 50 瓶	150	
	资料袋 50 个	150	
其他费用	餐饮费	3000	
	交通费	1000	

十、附录

附录 1：会场座位布置图（略）
附录 2：表彰人员名单（略）

第四节　会议策划文案写作实战训练

一、根据要求撰写会议策划文案大纲

明达高中将举行年度优秀教师表彰大会，请对这场会议进行策划，并撰写会议策划文案的大纲，相关内容可自拟。

二、根据收集到的信息编写会议议程和会议日程

请在网上收集一场大型会议的相关信息，并为这场会议编写会议议程和会议日程。

三、根据要求撰写一份内容、结构完整的会议筹备方案

请在网上收集一场招商引资工作推进会的相关信息，并以某市招商引资工作领导小组的名义撰写一份会议筹备方案。

会议筹备方案应体现会议名称、会议目的、会议议题、会议组织方式、会议规模、会议召开时间、会议召开地点、报到时间、报到地点、参会人员、会议组织者联系方式等内容。具体内容可自拟。

四、根据所给材料撰写一篇会议策划文案

请根据下面的材料帮助某科技公司的工作人员写一篇年度工作总结大会的会议策划文案。

1. 会议背景

某科技公司计划于今年12月举办年度工作总结大会，旨在回顾过去一年的工作情况和取得的成就，表彰优秀员工，明确下一年度的发展战略。

2. 参会人员范围

高层管理人员、行业专家、全体员工、合作伙伴等。

3. 预期成果

增强团队凝聚力,明确公司未来发展方向,促进内外部交流与合作。

4. 场地建议

公司总部大楼多功能厅或当地五星级酒店宴会厅。

5. 会议预算

总预算不超过 3 万元人民币,费用应包括场地费、会场装饰费、餐饮费、奖品采购费、设备费等。

第七章
品牌策划文案

学习目标

知识目标：了解与品牌策划文案相关的基本理论知识，熟练掌握品牌策划文案的写作方法。

能力目标：具备撰写各类品牌策划文案的能力。

素养目标：掌握品牌策划的相关技巧，了解先进的品牌策划理念，树立品牌意识，掌握品牌策划文案的写作技巧。

内容简介

★ 品牌策划文案的相关概念

★ 品牌策划的工作思路

★ 品牌策划文案的内容与结构

★ 品牌策划文案设计案例

★ 品牌策划文案写作实战训练

第一节　品牌策划文案概述

一、品牌策划文案的相关概念

品牌被视为一种具有经济价值的无形资产,它不仅仅是一个简单的标识或名称。一个好的品牌能借助一系列的抽象化概念来体现自身与其他品牌的差异性。这种差异性能够帮助品牌增强自身的竞争力。品牌的载体通常包括名称、符号等元素,这些元素共同构成了品牌的独特形象。当消费者对某个品牌产生好感时,他们更愿意为该品牌买单,该品牌的价值也会因此而提升。只有当一个品牌能够赢得消费者的喜爱和认可,并形成良好的口碑时,这个品牌才能称得上是一个成功的品牌。

品牌策划是一项系统性工作,策划者需要精心打造产品品牌或企业品牌,从而优化品牌在目标受众心目中的形象,提升品牌价值。策划者还需要通过品牌策划凸显本品牌与竞争对手的差异性,并吸引目标消费群体。在进行品牌策划的过程中,策划者应当深入了解消费者的消费心理和消费喜好,打造有辨识度、有影响力的品牌。

品牌策划文案又被称为品牌策划书或品牌策划案。一篇好的品牌策划文案有助于推广产品或服务,提升品牌的知名度和美誉度,进而增强品牌的市场竞争力。品牌策划文案通常涉及品牌目标分析、品牌战略分析、品牌推广、品牌管理等多个方面。常见的品牌策划文案包括企业形象策划文案、企业文化建设策划文案、品牌定位策划文案、品牌推广策划文案等。

二、品牌策划的工作思路

品牌策划工作具有系统性、综合性。策划者在进行品牌策划的过程中可主要围绕品牌定位、品牌形象塑造、品牌传播策略及品牌管理与维护等方面开展有关工作。

1. 确立品牌定位

在确立品牌定位的过程中,策划者应明确品牌核心价值,包括品牌的独特卖点、差异化优势,并分析有关产品能够满足消费者的何种需求或解决何种问题。同时,策划者应通过对市场进行细分,确定目标市场和品牌的目标消费群体,例如消费者的年龄、性别、收入水平、兴趣爱好等特征,以便制定更具针对性的营销策略。策划者还需要分析竞争对手的品牌定位、市场占有率、优劣势等,以便找出自身品牌的差异化定位点。

2. 塑造品牌形象

策划者应当重视品牌命名与标志设计,选择一个富有内涵、易于记忆且能体现品牌核心价值的品牌名称,并设计出具有识别度和吸引力的品牌标志,以塑造独特的品牌视觉形象。品牌形象与企业文化关系密切,因此,策划者还应当将企业的文化和价值观融入品牌形象中,使品牌形象能够生动地展示品牌故事、品牌理念等内容。

3. 制定品牌传播策略

制定品牌传播策略是品牌策划工作的重要一环。策划者应根据品牌定位和目标市场制订详细的品牌传播计划。品牌传播计划通常涉及传播渠道的选择(如电视广告、社交媒体、线下活动等)、传播内容的规划及传播效果的评估。策划者可运用多种传播手段(如广告、公关、促销等)提升品牌的知名度和美誉度。在互联网时代,策划者还可以利用互联网和社交媒体进行精准营销和互动营销。

4. 进行品牌管理与维护

在开展品牌策划的过程中,策划者应注重品牌监测和危机管理。策划者应当对品牌的知名度、美誉度、市场占有率等指标进行监测,以及时发现问题。策划者还可以根据需要建立危机应对机制,以便及时应对可能出现的危机,从而保护品牌形象。随着市场环境和消费者需求的变化,策划者还需要在品牌管理的过程中重视品牌的创新性,确保品牌具有独特的竞争力和市场影响力。

第二节 品牌策划文案的内容与结构

品牌策划是一个系统性的工程,它要求策划者尊重事物的客观规律,进行科学的策划与运作。品牌策划的方式具有多样性,不同领域、不同业态的品牌策划方式各具特色。品牌策划的核心任务是打造一个独特且富有竞争力的品牌形象。在品牌策划的过程中,一篇好的品牌策划文案能够帮助企业或产品在市场竞争中取得优势。

一般来说,品牌策划文案由标题、正文和附录构成。一篇品牌策划文案的正文部分通常涉及现状分析、行业及市场环境分析、品牌目标分析、品牌战略分析、品牌策划、品牌推广、品牌管理、效果监测等内容。

品牌策划文案的具体写作要求如下。

1. 标题

品牌策划文案的标题应当准确地反映策划的核心内容和目标,突出策划的核心内容。例如,如果策划工作的重点是品牌推广,那么标题中应该包含"品牌推广"这样的字眼。同时,品牌策划文案的标题应当简洁明了,易于人们理解,写作者应避免使用过于复杂或晦涩的词语。写作者如果希望强调品牌策划的某个方面,可以借助副标题来进行说明。

2. 现状分析

在策划一个品牌时,品牌策划文案的写作者需要做到"知己知彼",充分了解企业和产品的相关情况。写作者需要明确企业能够为消费者提供哪些产品,这些产品具有怎样的价值,所策划的品牌属于哪个行业领域,品牌在该领域中的定位是什么,并在文案中体现相关内容。同时,写作者还可以在品牌策划文案中详细阐述企业和产品的优势和劣势,从而为品牌战略的制定提供准确、科学的依据。

3. 行业及市场环境分析

品牌策划文案的写作者需要深入了解行业特性、市场环境、目标消费者的偏好以及适合的传播策略。写作者应当从消费者的角度出发,阐述消费者的需求和市场竞争格局。写作者可以通过调查的方式准确掌握品牌在市场上的竞争优势和短板,并了解竞争对手的品牌定位及策略选择。这些信息将为品牌策划文案的写作提供有力的支撑。

4. 品牌目标分析

品牌目标是企业基于其经营方向和战略愿景设定的。这些目标通常涉及市场占有率的提升、市场影响力的扩大、品牌竞争力的提升及品牌美誉度的提升等。有的品牌目标是过渡性的,有的品牌目标则是长期性的。品牌策划文案的写作者需要在文案中对企业或产品的品牌目标加以阐释。

5. 品牌战略分析

品牌战略是企业为了在日益激烈的市场竞争中获取利润而制定的与品牌有关的策略。制定品牌战略有利于确保企业在较长时间内保持竞争优势。在进行品牌战略分析时,品牌策划文案的写作者可以从品牌定位、品牌识别、品牌传播、品牌文化等角度加以分析。

6. 品牌策划

在策划品牌时,品牌策划文案的写作者可以对品牌名称、品牌说明、品牌口号、品牌标识及品牌故事进行阐述。这些要素相互关联,共同构成了品牌的整体形象。每一个要素都扮演着十分重要的角色。这些要素应当在内涵、风格上具有一致性,从而使品牌的各要素相协调。同时,写作者在进行品牌策划时还需要考虑市场环境、消费者需求等外部因素。

7. 品牌推广

在当今竞争激烈的市场环境下,若想让企业或产品在市场中脱颖而出,品牌推广就必须被重视起来。成功的品牌推广不仅有助于树立企业和产品的良好形象,提升品牌知名度、美誉度,还能有效地推动产品的销售。精心策划的品牌故事、富有创意的广告宣传和品牌标志等都有助于打造品牌的独特形象。在分析品牌推广策略的过程中,品牌策划文案的写作者可考虑通过广告媒体、公关活动、社交媒体等渠道增加品牌的曝光度。

8. 品牌管理

品牌管理是指针对品牌的实际情况,综合运用企业资源,通过计划、组织等手段实现企业品牌战略目标的经营管理过程。品牌管理与品牌的定位、传播等多个方面有关。成功的品牌管理不仅有助于提升企业的形象和市场地位,还能增强企业的竞争力,降低市场营销成本,从而帮助企业实现长期的发展目标。品牌策划文案的写作者可在品牌管理部分阐明品牌管理目标,阐述品牌现状、品牌管理策略、品牌管理活动等内容。

9. 效果监测

在效果监测部分,写作者应在文案中阐明监测目标、监测指标、监测计划、监测项目等内容。开展策划工作的相关人员可依据这部分内容对品牌策划工作的成效进行准确、全面的衡量和评估。对品牌的策划效果进行监测不仅可以帮助企业了解品牌的表现、发现品牌的问题、优化品牌策略,还可以提高品牌效益,为企业制定决策提供依据,从而为企业的品牌发展提供有力保障。

10. 附录

品牌策划文案的附录部分应包含与品牌策划紧密相关的支持性数据或参考资料,以补充正文部分未提及的内容。品牌策划文案的附录部分通常包括市场调研报告、品牌形象设计图、财务预算、品牌研究案例等内容。

第三节　品牌策划文案设计案例

尊途商务酒店品牌策划方案

一、现状分析

　　尊途商务酒店的前身是兴国宾馆。兴国宾馆于2022年升级并更名为"尊途商务酒店"。尊途商务酒店位于××市××区中华大道12号，其南侧为万达广场。尊途商务酒店目前有50余名员工，有210间标准客房、18间高级套房。尊途商务酒店的所有客房均于2022年重新装修。目前，尊途商务酒店配备了大型会议室，有能力承办小型会议和中型会议。同时，尊途商务酒店还配备了健身房，以满足客人的健身需求。

　　作为新兴的高端商务酒店，尊途商务酒店凭借其优越的地理位置、舒适的住宿环境、专业的服务团队，在激烈的市场竞争中逐渐崭露头角。然而，面对日益增长的市场需求，尊途商务酒店也面临着不小的挑战。从目前的情况来看，尊途商务酒店的品牌知名度和影响力较小、市场定位不够清晰、客户忠诚度有待提升。因此，制订一套全面且具有针对性的品牌策划方案对尊途商务酒店的长期发展是至关重要的。

二、行业及市场环境分析

　　当前，商务酒店行业正处于快速发展阶段，随着商务活动的日益频繁，商务人士对于住宿的需求在日益增长，其对酒店的服务质量、环境等方面提出了更高的要求。从行业发展趋势来看，商务酒店市场呈现出快速发展的态势。科技的进步也促使商务酒店不断提升智能化服务水平，以满足现代商务人士的需求。

　　目前，行业竞争日益激烈，不仅国际品牌酒店竞争激烈，本土品牌也在不断崛起，通过差异化服务和特色经营模式来争夺市场份额。同时，互联网技术的普及和消费者行为的变化，使得酒店的营销方式更加多元化、个性化。在这样的市场环境下，尊途商务酒店需要准确把握行业发展趋势，深入挖掘市场需求，提升自身的品牌影响力和市场竞争力。

三、品牌目标分析

　　针对尊途商务酒店的现状和目前的市场环境，我们设定了以下品牌目标。

（一）提升品牌知名度

营销人员应通过多种渠道、多种形式宣传和推广尊途商务酒店,提高尊途商务酒店在目标群体中的知名度,使其成为商务人士首选的商务酒店。

（二）明确市场定位

尊途商务酒店是一家高端商务酒店,专注于为商务人士提供高品质的住宿体验和服务。通过明确这一市场定位,尊途商务酒店能够更加精准地满足商务人士的需求,在竞争激烈的酒店市场中脱颖而出,树立高端商务酒店的品牌形象。

（三）增强客户忠诚度

尊途商务酒店应当通过优化服务流程、提升服务质量、推出会员制等方式,增强客户对尊途商务酒店的满意度和忠诚度。

（四）塑造品牌形象

营销人员应致力于塑造尊途商务酒店良好的品牌形象,向消费者传递品牌的核心价值观,展示品牌的独特魅力。

四、品牌战略分析

为实现上述品牌目标,我们将采取以下品牌战略。

（一）差异化竞争战略

尊途商务酒店应针对目标群体的需求和特点,提供差异化的产品和服务。例如,推出定制化商务套餐、提供专属商务会议室等,以满足商务人士在住宿过程中可能产生的各种需求。

（二）品质优先战略

尊途商务酒店应坚持品质至上的原则,确保客房设施、餐饮、服务等方面都达到高标准。同时,尊途商务酒店应当加强对员工的培训和管理,提升整体服务水平。

（三）科技赋能战略

尊途商务酒店应当利用互联网技术和智能化设备,提升酒店的运营效率和服务质量。例如,通过优化在线预订系统、智能客房控制系统等,为客人提供更加优质的服务。

（四）文化融合战略

尊途商务酒店应当将当地文化与商务元素相结合,打造具有独特魅力的文化氛围。例如,在酒店的设计中融入当地的文化元素、举办文化交流活动等,以增强客人的归属感和认同感。

五、品牌策划

（一）品牌命名与标识设计

"尊途"这一品牌名称不宜变动，因为不少消费者已对其有所了解。营销人员应当对品牌的标识进行优化，使其更加简洁、大气、易于识别。标识的设计应融入商务元素，以体现品牌的专业性和本酒店的基本定位（参见附录1《尊途商务酒店品牌标识设计方案》）。

（二）挖掘品牌故事

营销人员应当挖掘品牌背后的故事，构建品牌的核心理念，通过视频、图文等形式进行传播，展示尊途商务酒店如何致力于为商务人士打造理想的住宿环境、提供优质的住宿体验。这将有助于消费者更好地理解和认同品牌。

（三）完善产品线

尊途商务酒店应当根据市场需求和品牌定位打造不同档次和类型的客房，并根据客人的不同需求提供定制化服务。

（四）优化服务流程

尊途商务酒店应当对服务流程进行全面梳理和优化，确保每一个服务环节都能体现出品牌的专业性。例如，在前台接待环节，重视对客户信息的整理和分析；在客房服务方面，注重细节的把控，如房间的布置、物品的摆放等；在餐饮服务方面，为客人提供多样化的餐饮选择。

六、品牌推广

（一）成立品牌推广小组

尊途商务酒店应成立品牌推广小组，品牌推广小组具体负责品牌的推广工作（参见附录2《尊途商务酒店品牌推广小组组织架构图》）。

（二）线上与线下相结合

品牌推广小组应当利用互联网平台和社交媒体进行品牌推广。例如，在微博、微信、抖音等平台开设官方账号，并发布酒店的相关资讯、优惠活动等；与知名旅游网站合作，进行在线推广。在线下推广方面，品牌推广小组可考虑在机场、火车站等交通枢纽与写字楼、会展中心等商务活动密集区投放广告，还可以与租车公司等合作推出营销活动。

（三）重视口碑营销

品牌推广小组可以鼓励客人在社交媒体、旅游网站等平台分享住宿体验并给出评价，并根据情况为客人提供一定的优惠。酒店应当积极回应客人的反馈并持续改进服务质量，以赢得更多客人的认可。

（四）积极开展或承办各类活动

品牌推广小组应积极策划各类公关活动，邀请知名人士来到酒店进行参观和体验，以提升品牌知名度和美誉度。酒店也可以积极承办与商务相关的研讨会、论坛或培训活动，邀请行业专家、学者和商务人士参加有关活动，以提升酒店在商务领域的影响力。

七、品牌管理

（一）注重员工培训

酒店员工需要加强对品牌理念和品牌文化的理解。酒店应当定期开展服务技能培训和礼仪培训，以提升员工的专业素养和服务水平。酒店还应当鼓励员工参与品牌建设和推广活动。

（二）加强客户关系管理

酒店应当建立客户关系管理系统，收集和分析客户信息，为客人提供个性化的服务。酒店还需要定期与客户沟通，了解其反馈和建议，以不断改进服务质量。

（三）加大品牌管理资金投入

酒店计划在品牌管理方面投入 36 万元，以落实有关具体工作（参见附录 3《经费预算明细表》）。

八、效果监测

为确保品牌策划方案的有效实施，品牌推广小组需要建立一套完善的效果监测体系。

（一）开展收集数据

品牌推广小组需要通过各种渠道收集与品牌相关的数据和信息，包括线上浏览量、转化率、用户评价、线下入住率、客户反馈等。此外，品牌推广小组还需要尽可能多地收集竞争对手的有关数据。

（二）进行数据分析

品牌推广小组需要运用数据分析工具和其他科学的方法，对收集到的数据进行深入的分析，以了解品牌在市场中的表现。数据分析有助于酒店管理人员发现潜在的市场机会，识别可能存在的威胁,发现酒店当前存在的问题。

(三) 根据反馈调整方案

品牌推广小组应当根据数据分析结果及时对品牌策划方案进行调整和优化,针对存在的问题和不足制订相应的解决方案,确保品牌策划方案能够持续有效地指导品牌的发展。

九、附录

附录1:尊途商务酒店品牌标识设计方案(略)
附录2:尊途商务酒店品牌推广小组组织架构图(略)
附录3:经费预算明细表(略)

第四节　品牌策划文案写作实战训练

一、根据要求撰写品牌策划文案

请阅读下面的理论知识材料,依据下文中提到的五个方面,为某个不太知名但被顾客广泛认可的企业进行品牌策划,并撰写品牌策划文案。部分内容可自拟。

企业的竞争即品牌的竞争。企业如何才能完善品牌建设,并在激烈的品牌竞争中取胜?这就需要品牌策划者重视以下五个方面。

1. 了解企业

品牌策划者必须了解企业的具体情况、企业的竞争对手、企业能够为消费者提供哪些产品和服务、这些产品和服务能为消费者带来多大的价值。同时,品牌策划者还要对企业定位、企业所在的行业领域、企业的优势和劣势加以了解。品牌策划者只有对企业的各方面情况进行充分而全面的评估,才能够有针对性地进行品牌策划。

2. 了解市场

品牌策划者要对市场有充分的了解,诸如行业特色、商业环境、消费者心理等。品牌策划者应当站在消费者的立场上思考问题,并对消费者进行调查,根据市场需求和消费者需求打造品牌。

3. 设计与品牌相关的各项要素

与品牌相关的要素包括品牌名称、品牌说明、品牌口号、品牌标识、品牌故事等。设计品牌的各项要素时,品牌策划者需要深入分析品牌的核心价值、目标市场及消费者的需求和期望,从而使品牌形象具有独特性和吸引力,这也有助于提升品牌的知名度和美誉度。

4. 构思品牌传播方式

构思品牌传播方式是品牌策划工作的关键步骤,品牌策划者需要思考如何有效地将品牌信息传递给目标受众。品牌策划者应当明确什么样的品牌是容易被人们接受的,哪些传播方式是有助于扩大品牌影响力、提升品牌知名度的。品牌策划者应根据目标受众的实际情况和习惯选择合适的传播渠道,如社交媒体、电视广告、户外广告、公关活动等。

  5.构思品牌承诺

  品牌策划者在构思品牌承诺时,需要明确品牌所具备的最重要、最独特的价值是什么,这将成为品牌承诺的基础。品牌策划者构思出来的品牌承诺应该是企业能够兑现的。同时,品牌策划者构思出来的品牌承诺应当能够引发消费者的情感共鸣,从而让他们感受到企业的人文关怀。总的来说,品牌策划者在构思品牌承诺时,需要确保品牌承诺能够真实反映品牌的价值观,体现消费者的需求。

二、根据要求撰写品牌推广文案

  悦居装修公司倡导"绿色装修、快乐装修"的家装理念,为顾客提供一站式装修服务。请为这家装修公司撰写一篇品牌推广文案。部分内容可自拟。

三、根据提供的大纲撰写品牌策划文案的部分内容

  请在网络上收集国内某餐饮公司的相关信息,并根据提供的大纲为这家餐饮公司撰写品牌策划文案的"现状分析"部分、"品牌战略分析"部分或"品牌推广"部分。自行选取某一部分进行撰写即可。

  大纲如下:

  1.现状分析

    1.1 企业经营现状分析

    1.2 品牌发展战略及运作策略分析

    1.3 品牌知名度及美誉度

    1.4 品牌市场情况分析

    1.5 品牌在行业中的地位

    1.6 品牌与竞争对手的定位策略比较

    1.7 品牌建设的不足之处

    1.8 品牌态势分析

  2.品牌战略分析

    2.1 品牌核心价值定位

    2.2 品牌文化定位

    2.3 品牌形象定位

    2.4 品牌消费群体定位

2.5 品牌主要竞争对手定位
　　2.6 品牌发展策略
　　2.7 市场目标
　　2.8 产品策略
　　2.9 定价策略
3. 品牌推广
　　3.1 推广目标
　　3.2 推广原则
　　3.3 推广渠道
　　3.4 推广手段
　　3.5 推广效果监测

第八章

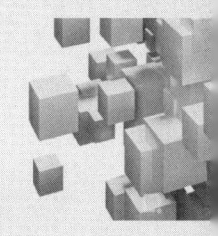

项目策划文案

学习目标

知识目标：了解与项目策划文案相关的基本理论知识，熟练掌握项目策划文案的写作方法。

能力目标：具备撰写各类项目策划文案的能力。

素养目标：掌握项目策划的相关技巧，了解先进的项目策划理念，掌握项目策划文案的写作技巧；具备扎实的专业素养，遵守行业规范。

内容简介

★ 项目策划文案的相关概念

★ 项目策划的工作思路

★ 项目策划文案的内容与结构

★ 项目策划文案设计案例

★ 项目策划文案写作实战训练

第一节　项目策划文案概述

一、项目策划文案的相关概念

项目是由一系列独特、复杂且相互关联的活动构成的。策划者和团队成员在从事这些活动时往往有明确的目标或目的，并需要在限定的时间内完成相应的任务。

项目策划是对特定的项目活动进行规划和设计的过程。项目策划通常具有系统性、灵活性、创造性、前瞻性等特点。策划者需要通过系统的思维活动综合考虑影响项目效果的各项因素。项目策划对项目未来的实施具有指导意义。

项目策划文案也被称为项目策划书，是项目策划成果的书面表现形式。项目策划文案应当全面、详细地体现策划者对项目的规划。策划者可借助项目策划文案向项目负责人和相关利益方展示项目的整体框架、计划、实施策略及预期成果等内容。项目策划文案的基本框架因项目类型的不同而有所差异，同类型项目的项目策划文案通常在结构和内容方面具有一定的相似性。

根据项目所涉及的内容划分，项目策划文案可分为不同的类型。常见的项目策划文案包括旅游项目策划文案、房地产项目策划文案、电子商务项目策划文案、工程项目策划文案、创业项目策划文案等。

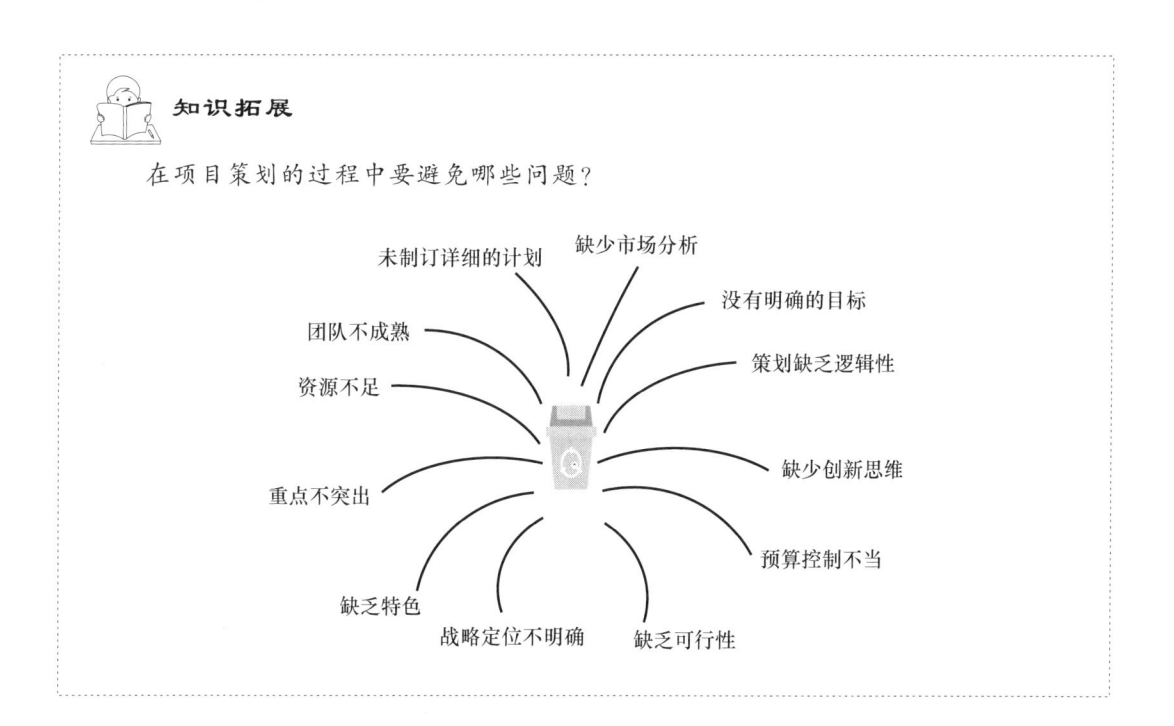

知识拓展

在项目策划的过程中要避免哪些问题？

- 未制订详细的计划
- 缺少市场分析
- 没有明确的目标
- 团队不成熟
- 策划缺乏逻辑性
- 资源不足
- 缺少创新思维
- 重点不突出
- 预算控制不当
- 缺乏特色
- 战略定位不明确
- 缺乏可行性

二、项目策划的工作思路

项目策划是一项实践性很强的工作。在进行项目策划时,为了确保策划的质量和效果,策划者必须遵循一定的流程,逐步开展各个环节的策划工作。在进行项目策划时,策划者往往要从以下几个方面开展工作。

1. 确立项目目标

在策划某个项目前,策划者需要根据策划客体的实际情况确定要实现哪些预期目标。实施项目的过程实际上就是实现预期目标的过程。项目目标的制定通常与评估指标、经营目标、费用预算、时间进度、质量标准等要素有关。在确立项目目标前,策划者需要深入了解项目的背景信息,与项目的相关利益方进行沟通,对项目的内外部环境、技术条件等进行全面分析。在项目实施过程中,策划者需要依据项目目标持续监测项目的进展情况,确保项目按计划进行。

2. 确定项目名称

在明确项目目标之后,选择一个恰当的项目名称是至关重要的。在确定项目名称时,策划者需要综合考虑项目目标、消费者需求、目标群体及市场情况等因素。策划者可以通过市场调研等方式为项目名称的拟定寻找依据。一个理想的项目名称应当具备吸引力,能够吸引目标群体的关注,激发目标群体的兴趣和好奇心。此外,项目名称应准确地传达项目的核心价值,让受众在看到名称后就能对项目的定位有大致的了解。一个好的项目名称还应当是简洁明了、易于记忆的。

3. 明确项目范围

在明确项目范围时,策划者应对项目的内容加以了解,明确哪些工作属于此项目、哪些工作不属于此项目。项目范围的明确对项目的计划和实施有着重要的意义。在明确项目范围时,策划者需要充分考虑各项制约因素和项目开展的前提条件,借助历史资料了解已开展的项目的具体范围。在明确项目范围后,策划者还需要对项目任务进行进一步的细化,将其划分为更小、更易于操作和管理的工作单元。

4. 明确宣传主题

一个恰当且富有吸引力的宣传主题往往能够极大地提升项目的知名度。一般来说,宣传主题应当紧密围绕项目的核心目标,并准确地体现项目的内容、风格及品牌特性。宣传主题应当具有一定的吸引力和感染力,能够激发人们的兴趣和热情,促使人们更深入地了解和关注此项目。

5. 设计项目流程

策划者在设计项目流程时,需要做到以下几个方面。

（1）明确项目的具体任务，将项目的实施划分为若干个阶段，并对每个阶段的任务进行进一步的分解。

（2）评估项目所需的人力、物力、财力和时间，确保相关资源能够为项目的开展提供有力的支持。

（3）利用项目管理工具进行项目管理并制订详细的工作计划。

（4）确保项目流程具有可操作性和可执行性，在设计项目流程时考虑团队成员的实际能力和经验。

（5）识别项目可能面临的风险，在设计项目流程的过程中制定相应的风险应对策略。

6. 明确项目预算

为了保证项目的顺利实施，策划者需要在项目策划的过程中编制项目预算。这需要策划者对项目所需的各项费用进行分类和统计，对项目收益和项目成本进行分析和比较，并在此基础上评估项目的经济合理性和可行性。策划者如果在预算分析的过程中发现存在预算超支等问题，就需要对预算进行调整，以确保项目的顺利实施。

7. 制订执行方案

项目能否取得成功在很大程度上取决于执行的质量是否能得到保证。为了确保项目目标能够实现，策划者需要制订一个细致、周密的执行方案。如果项目在执行的过程中发生了变化，策划者和项目团队必须灵活应对，并及时调整执行方案。

第二节　项目策划文案的内容与结构

一般来说,项目策划文案由标题、正文和附录构成。一篇项目策划文案的正文部分通常涉及前言、项目目标分析、资源分析、市场分析、运营模式分析、项目技术路线分析、项目计划等内容。

项目策划文案的具体写作要求如下。

1. 标题

项目策划文案的标题应当简洁、易记,能够有效传达项目的核心信息。写作者应避免使用过于复杂或冗长的词语。如果项目属于特定行业或领域,标题的撰写应符合行业规范或惯例。写作者可在拟定项目策划文案的标题时采用主副标题的形式。

2. 前言

前言是项目策划文案的重要组成部分。前言的篇幅通常不长,但写作者需要用精练的语言概括出项目的背景信息、主要特征和文案的基本框架等,让读者能够快速了解整个项目的主要情况。

3. 项目目标分析

项目目标分析是一项系统性工作。在撰写项目策划文案的过程中,写作者需要对项目的内容构成、实施过程及所处的环境进行详尽的分析,并在此基础上明确具体的项目目标,构建一个完整、有序的目标体系,这个目标体系将成为项目实施的指导框架。写作者在分析项目目标时应做到逻辑清晰、条理分明,确保读者能够全面理解项目目标的设定原因和实现路径。

4. 资源分析

在撰写项目策划文案时,写作者需要对项目的现有资源进行全面的分析,以明确项目目前已经具备哪些资源、资源的种类有哪些、在何时投入相关资源、还需要哪些其他的资源。在了解了项目的资源需求后,写作者还需要对项目资源的可用性、资源的成本进行评估。写作者可以制订一个详细的资源配置计划,以确保资源的合理分配和有效利用。

5. 市场分析

在撰写项目策划文案时,写作者需要对市场需求进行深入的分析,并明确项目的市场定位。写作者可以通过市场调研来明确项目的市场定位,或参考最新的市场研究报告、行业数据、消费者调研结果等。写作者也可以借助态势分析法,对与项目相关的优势、劣势、机会和威胁等因素进行综合分析。在分析的过程中,写作者要具体说明这些优势、劣势、机会和威胁会对项目产生何种影响。在完成市场分析后,写作者可总结当前市场的主要特点和发展趋势,并根据项目的实际情况提出有针对性的建议。

6. 运营模式分析

写作者应清晰地阐述项目的运营模式,以及该模式的运行机制,确保读者能够清晰地理解运营模式的本质和内涵。写作者可通过数据分析和案例分析的方式对运营模式的可行性和优势进行分析。同时,写作者也需要对采用该运营模式可能带来的风险和挑战进行评估,并提出相应的应对策略。

7. 项目技术路线分析

项目技术路线对项目策划具有指导性作用。合理的项目技术路线不仅能够为项目策划提供技术方向、降低技术风险、提高项目效率、优化资源配置,还能够提升项目的质量和竞争力。在撰写项目策划文案的过程中,写作者需要对技术手段、具体执行步骤或解决关键问题的策略进行说明,并注意项目技术路线的严谨性和可操作性。

8. 项目计划

一个完善且具有可行性的项目计划能够为项目的实施提供明确的目标和方向。写作者应在项目策划文案中详细列出项目所包含的各项任务和活动,以及相关的时间表、责任人、执行步骤等,以确保相关成员可以根据计划完成任务。同时,写作者在制订计划时也要考虑目前已有的资源和条件,确保计划具有可行性和可操作性。

9. 附录

附录部分应包含与项目策划文案主体内容紧密相关的信息、数据或文件。项目策划文案的附录部分通常包括市场研究数据、资金预算表、项目时间表、功能分区示意图、项目布局示意图、交通示意图等。

第三节　项目策划文案设计案例

霖泉生态村旅游项目开发策划方案

一、前言

在快节奏的现代生活中,人们越来越向往自然与宁静,渴望在绿水青山间寻找心灵的栖息地。霖泉生态村拥有独特的自然风光、丰富的生态资源和深厚的文化底蕴,正逐步成为都市人逃离喧嚣、亲近自然的理想选择。××文旅发展集团计划于霖泉生态村开发旅游项目,通过科学规划、合理布局、创新运营,将其打造为集休闲度假、文化体验于一体的综合性旅游目的地。

二、项目目标分析

(一)总体目标

霖泉生态村旅游项目的总体开发目标是,利用霖泉生态村现有的自然资源与人文景观,结合现代旅游消费趋势,打造具有鲜明特色和吸引力的生态旅游品牌;通过项目的实施,促进当地经济发展,提升当地村民生活水平,实现经济效益、社会效益与生态效益的和谐统一。

(二)具体目标

1. 经济目标

(1)带动当地经济增长,促进当地餐饮、住宿等相关产业的发展。预计在项目运营后的前3年内,游客数量的年增长率将超过10%,旅游收入的年增长率将超过30%。

(2)创造就业机会。项目的设立将为当地村民提供一定数量的就业岗位。预计在项目运营后的前2年内,项目将为当地创造约500个就业岗位;并且随着项目影响力的不断增加,就业岗位将持续增加。

(3)促进产业升级。项目的设立有助于推动当地农业、手工业等传统产业向旅游服务业转型,提高产业附加值。

2.生态目标

霖泉生态村旅游项目将生态保护作为重要目标,致力于保护当地的自然生态系统,包括森林、河流、湿地等自然资源。开发人员将通过科学的规划和管理,减少旅游活动对生态环境的影响。

3.文化目标

项目的设立将促使更多人了解霖泉生态村的历史文化、民俗风情、传统技艺等,从而推动对当地传统文化的保护和传承。

三、资源分析

(一)自然资源

霖泉生态村拥有得天独厚的自然条件,山清水秀,气候宜人。村内水系发达,有多处天然泉眼,泉水清澈甘甜。霖泉生态村山林茂密、植被丰富,村内还有多个湖泊,具有较高的观赏价值。

(二)人文资源

霖泉生态村保留着大量的传统民居、古桥、古道等,反映了当地独特的建筑风格和历史文化。同时,这里还是多民族聚居地,拥有独特的民俗风情。这些人文资源为霖泉生态村增添了独特的文化魅力。

四、市场分析

(一)目标人群

霖泉生态村旅游项目的目标人群主要包括以下几类。

(1)都市白领与中高收入群体。他们追求生活品质,渴望在繁忙的工作之余寻找一处能够让自己放松身心的度假胜地。

(2)家庭群体。不少家庭希望为孩子提供接触大自然的机会,让孩子了解农村生活和生态环境。霖泉生态村旅游项目的开发人员可以策划并组织亲子游等相关活动,如采摘水果、参观农场、户外拓展等,为家庭提供亲子互动的机会。

(3)生态旅游爱好者。这类游客对自然景观较为感兴趣,霖泉生态村的生态资源与他们的旅游需求较为匹配。

(4)退休老人。退休老人有更多的时间旅游,注重健康和养生。霖泉生态村的生态环境适合退休老人休闲和娱乐。

（二）市场需求

随着人们生活水平的提高和旅游消费观念的转变，生态旅游、休闲度假和文化体验成为旅游市场的新热点。霖泉生态村具有独特的自然资源优势和人文资源优势，这与目前的市场需求是十分契合的。近年来，自驾游、亲子游、乡村游开始兴起。因此，霖泉生态村作为近郊旅游目的地之一，具有较大的市场潜力。

（三）竞争分析

虽然霖泉生态村在自然资源和人文资源方面具有独特优势，但霖泉生态村周边可能存在其他类似的乡村旅游目的地。它们拥有类似的自然景观、田园风光和乡村特色活动，可能会吸引一部分游客，与霖泉生态村旅游项目形成竞争关系。一些以生态为主题的旅游景区（如自然保护区、森林公园等）也可能与霖泉生态村旅游项目形成竞争关系。这些景区通常拥有较为丰富的自然资源和较为完善的旅游设施。

五、运营模式分析

霖泉生态村旅游项目将采取"政府引导、企业运作、民众参与"的运营模式。

（一）政府引导

（1）政府有关部门出台相关政策，为霖泉生态村旅游项目提供政策支持和保障。例如，出台旅游产业扶持政策，对参与生态村旅游开发的企业给予税收优惠、财政补贴等。

（2）政府有关部门对霖泉生态村的自然资源进行科学规划和管理，划定生态保护红线，严格控制开发强度。

（3）政府有关部门组织专业团队对霖泉生态村旅游项目进行规划，明确旅游发展方向和重点项目；根据霖泉生态村的自然条件、文化特色和市场需求，制定科学合理的旅游发展规划，为项目开发提供指导。

（4）政府为霖泉生态村的基础设施建设（如道路建设、通信建设等）提供一定的资金支持。

（二）企业运作

（1）企业作为投资主体，根据旅游规划和市场需求，开发建设酒店、民宿等旅游设施和服务项目。

（2）企业引入先进的管理理念和技术，提高旅游项目的运营效率和服务质量；采用现代化的企业管理模式，加强对旅游项目的成本控制和人力资源管理。

（3）企业负责旅游项目的日常经营管理，包括景区运营、酒店服务、餐饮管理等。企业应制定科学合理的经营策略，提高旅游项目的经济效益和社会效益。企业应重视旅游产品和服务的创新，推出富有特色的旅游产品和服务。

（4）企业应积极开展市场营销活动，推广霖泉生态村旅游项目；制定市场营销策略，通过社交媒体营销等多种方式提高本项目的知名度和影响力。

（三）民众参与

（1）村民可以通过合作经营等方式参与霖泉生态村旅游项目的开发建设，获得旅游发展带来的收益。霖泉生态村旅游项目能够为村民提供就业机会，村民可以通过接受就业培训提高自身素质。

（2）政府和企业应鼓励村民创业，为村民提供创业指导和支持，帮助他们实现创业梦想。

（3）村民与政府、企业共同维护霖泉生态村的旅游秩序。相关部门应当建立相应的管理机制，加强对霖泉生态村旅游项目的监督和管理，保障游客和村民的合法权益。

六、项目技术路线分析

（一）团队建设

项目负责人应成立霖泉生态村旅游项目开发领导小组（参见附录1《霖泉生态村旅游项目开发领导小组架构图》），由该小组具体负责项目的开发和推广。

（二）规划设计

霖泉生态村旅游项目开发领导小组应当聘请专业团队负责项目的设计和整体规划。在进行项目规划的过程中，有关团队应充分了解市场需求和资源现状，科学规划景区布局和功能分区，注重景观设计和生态修复，确保项目规划的科学性、合理性和可行性。

（三）技术应用

（1）开展智慧旅游。霖泉生态村旅游项目开发领导小组应运用大数据、云计算等现代信息技术手段，打造智慧旅游服务平台，实时监测和分析有关数据，为游客提供个性化旅游服务，提升景区管理和运营效率。

（2）重视生态修复。霖泉生态村旅游项目开发领导小组应聘请专业团队，采用先进的生态修复技术，对景区内受损的生态环境进行修复和治理，包括植被恢复、水体净化等。

（3）打造"绿色建筑"。在建筑设计中融入"绿色建筑"的理念，采用环保材料和技术。

（四）人才培养

霖泉生态村旅游项目开发领导小组应加强人才培养工作，引进高素质的专业人才，通过开展培训提升景区管理人员和服务人员的专业素养和服务水平，为霖泉生态村旅游项目的可持续发展提供有力的人才保障。

七、项目计划

(一) 前期准备阶段(第1—3个月)

1. 完成市场调研和需求分析工作;
2. 制订项目设计方案;
3. 组建项目管理团队和运营团队;
4. 开展村民动员工作;
5. 筹备项目启动资金和建设资金。

(二) 建设实施阶段(第3—18个月)

1. 按照规划设计方案进行景区基础设施建设和配套设施建设;
2. 开展生态修复和景观建设工作;
3. 开展旅游产品开发和市场推广工作;
4. 逐步引入旅游经营项目;
5. 落实项目管理和监督工作,确保项目质量。

(三) 运营起步阶段(第18个月起)

1. 根据市场反馈和游客需求,不断调整和优化旅游产品和服务;
2. 加强品牌建设和市场推广工作,提升项目的知名度和影响力;
3. 加强与周边景区的合作与交流,实现资源共享和优势互补;
4. 持续关注生态保护工作,尽可能减小旅游活动对生态环境造成的影响。

八、附录

附录1:霖泉生态村旅游项目开发领导小组架构图(略)
附录2:霖泉生态村旅游项目平面示意图(略)

第四节　项目策划文案写作实战训练

一、根据所给材料撰写项目策划文案的提纲和部分内容

请参考下面的材料，为"蓝田瑶族乡民族风情特色小镇项目"撰写项目策划文案的提纲和"市场分析"部分的内容。

"蓝田瑶族乡民族风情特色小镇项目"位于蓝田瑶族乡蓝田新星村、社前村，距离武深高速蓝田出口约500米，占地面积约为30平方公里；宛如丝带的蓝田河穿过全境，河南岸地势比较平坦，有河流、高山、温泉、原生态农田、村庄、矿山等，适宜打造农业观光、生态旅游、温泉养生、瑶药种植研发相结合的田园综合体或特色小镇类项目。

项目策划方计划打造一个综合性的民族风情小镇。园区内规划了瑶族风情商业区、瑶族文化传习区、乡村振兴示范区、瑶家风味种植、瑶族养生体验区、滨水生态休闲区、智慧农业示范区、生态畜牧养殖区、温泉养生度假区、国家森林公园区；另外还规划了2万个停车位，满足人车分流。该园区的游客承载量约为1.7万人。

二、根据所给材料撰写一篇项目策划文案

请参考下面的材料，为你所在的社区写一份具有可行性的社区老年食堂项目策划文案，部分内容可自拟。

社区老年食堂是为满足老年人饮食需求而设立的一种特殊食堂，它在解决老年人"吃饭难"的问题上发挥着重要的作用。当前，不少老年人面临"做饭难""吃饭难"的问题，特别是独居老人、孤寡老人、高龄老人、失独老人等特殊老年人群体。社区老年食堂应运而生，成为解决这一问题的有效途径。它为老年人提供了便捷的饮食服务，提升了他们的生活质量。

社区老年食堂通常提供早餐、午餐、晚餐等多样化的餐饮服务。饭菜种类丰富、营养均衡，荤素搭配合理，满足了老年人的膳食要求。同时，一些社区老年食堂还根据老年人的身体状况和饮食习惯，提供特定的健康套餐和时令菜品。此外，社区老年食堂还注重食品安全和卫生，确保老年人吃得放心、安心。

社区老年食堂的运营模式主要有以下几种。

（1）政府主导模式，是指由政府出资建设、管理和运营社区老年食堂，为老年人提供免费或价格优惠的餐饮服务。这种模式的优点是保障了老年人的就餐权益，但这种模式可能存在管理效率低等问题。

（2）市场化模式，是指由企业或社会力量投资建设、管理和运营社区老年食堂，通过提供有偿服务来维持运营。这种模式的优点是服务质量和菜品的口感更好，但这种模式可能存在运营成本较高的问题。一些食堂采用"社区食堂＋"模式，如"社区食堂＋学堂"，通过提供多元化服务满足老年人的需求。

（3）公建民营模式，是指企业利用社区养老服务站的场地资源开展助餐服务。这种模式结合了政府建设和市场运营的优势，既保证了食堂的规范化运营，又提高了运营效率。

社区老年食堂的建设对于提升老年人的生活质量具有积极的意义。它的出现不仅使老年人的基本生活需求得到了满足，还促进了社区的发展。同时，社区老年食堂的出现也有助于引导社会各界给予老年人更多的关注和关怀，营造尊老、敬老、爱老的良好社会氛围。

三、根据要求撰写一篇项目策划文案

假设你刚刚大学毕业并决定自主创业，请选择一个你感兴趣的创业项目并拟写一篇内容全面、结构完整的项目策划文案。

第九章

大学生实践活动策划文案

学习目标

知识目标：了解与大学生实践活动策划文案相关的基本理论知识，熟练掌握大学生实践活动策划文案的写作方法。

能力目标：具备撰写各类大学生实践活动策划文案的能力。

素养目标：掌握大学生实践活动策划的相关技巧，掌握大学生实践活动策划文案的写作技巧，在参加实践活动方面具有主动性。

内容简介

★ 大学生实践活动策划文案的相关概念
★ 大学生实践活动和大学生实践活动策划文案的类型
★ 大学生实践活动策划文案的内容与结构
★ 大学生实践活动策划文案设计案例
★ 大学生实践活动策划文案写作实战训练

第一节　大学生实践活动策划文案概述

一、大学生实践活动策划文案的相关概念

大学生实践活动是指在校大学生在课余时间参与的各种形式的实践活动。大学生可以通过参加社会实践活动提升个人能力,了解社会现实,增强社会责任感。这些活动可以发生在校园内,如学生会组织的社团活动、志愿服务活动等;也可以发生在校园外,如社会调查、支教活动等。参加大学生实践活动有助于提高大学生的社会实践能力、团队协作能力、创新思维能力和解决问题的能力,增加大学生的社会阅历,为大学生未来走向社会打下坚实的基础。

大学生实践活动策划文案是指为了组织和实施大学生实践活动而撰写的文字材料。大学生实践活动策划文案应详细阐明大学生实践活动的流程和安排。撰写大学生实践活动策划文案有助于保证活动质量、促进团队协作、增强活动影响力,从而确保活动顺利开展。同时,大学生还可以通过撰写大学生实践活动策划文案锻炼自己的活动策划能力、组织能力及写作能力。

二、大学生实践活动的类型

大学生实践活动丰富多彩,涉及社会的各个领域。依据不同的角度划分,大学生实践活动可分为不同的类型。

(1) 从组织形式的角度划分,大学生实践活动可分为个体实践活动和集体实践活动。

(2) 从地域的角度划分,大学生实践活动可分为国内实践活动和海外实践活动。

(3) 从实践内容的角度划分,大学生实践活动可分为志愿服务类实践活动、创新创业类实践活动、学术科研类实践活动。

常见的大学生实践活动包括支教活动、法律宣传活动、社会调查活动、环保实践活动、创业活动、文化交流活动、社区服务活动等。

三、大学生实践活动策划文案的类型

活动的领域、目的和内容不同,大学生实践活动策划文案的内容也会有所差别。一般来说,我们可以将大学生实践活动策划文案分为三大类,即校外实践活动策划文案、校内实践活动策划文案、校内外联合型实践活动策划文案。

1. 校外实践活动策划文案

校外实践活动策划文案是指针对在校园外开展的各类实践活动而写的文字材料。由于校外的实践活动种类繁多,因此校外实践活动策划文案也呈现出多样化的特点。常见的校外实践活动策划文案包括环保公益活动策划文案、支教活动策划文案、便民服务活动策划文案、普法宣传活动策划文案等。

2. 校内实践活动策划文案

校内实践活动策划文案是指针对在校园内开展的各类实践活动而写的文字材料。常见的校内实践活动策划文案包括校园文化节策划文案、校园环保志愿服务活动策划文案、图书馆志愿服务活动策划文案、校园创业大赛策划文案等。

3. 校内外联合型实践活动策划文案

校内外联合型实践活动策划文案是指针对校内和校外联合举办的各类实践活动而写的文字材料。校内外联合型实践活动将学校内部的教育资源与校外(如企业、社区)资源相结合,让大学生在实践中学习、体验、创新。常见的校内外联合型实践活动策划文案包括校际文化交流活动策划文案、校企合作类公益活动策划文案、校企合作类创新创业大赛策划文案等。例如,为参加"挑战杯"中国大学生创业计划竞赛而撰写的商业计划书、为"挑战杯"全国大学生课外学术科技作品竞赛而撰写的项目报告都属于校内外联合型实践活动策划文案。

知识拓展

什么是"挑战杯"?

"挑战杯"是"挑战杯"全国大学生系列科技学术竞赛的简称,是由共青团中央、中国科协、教育部和全国学联共同主办的全国性大学生课外学术实践竞赛,竞赛官方网站为 www.tiaozhanbei.net。"挑战杯"全国大学生系列科技学术竞赛在中国共有两个并列项目,一个是"挑战杯"中国大学生创业计划竞赛,另一个则是"挑战杯"全国大学生课外学术科技作品竞赛。这两个项目的全国竞赛交叉轮流开展,每个项目每2年举办一届。

第二节　大学生实践活动策划文案的内容与结构

一篇优秀的大学生实践活动策划文案能够为活动的成功组织和实施提供明确的指导。一般来说,大学生实践活动策划文案由标题、正文和附录构成。一篇大学生实践活动策划文案的正文部分通常涉及活动背景与目的、活动内容、活动安排、资源分析、安全与风险管理、宣传推广等内容。

大学生实践活动策划文案的具体写作要求如下。

1. 标题

文案标题应当明确、简洁地阐述大学生实践活动的主要内容,标题中可体现策划该活动的学校、学院或学生组织的名称。

2. 活动背景与目的

活动背景与目的是文案的重要组成部分,它们为活动的策划和实施提供了明确的方向。在撰写这一部分时,写作者需要在文中清晰地阐述开展活动的原因、依据、出发点、动机及期望达到的具体目标,使读者对活动有更深刻的理解。

3. 活动内容

在撰写活动内容时,写作者需要对大学生实践活动的基本情况和主要内容进行介绍,明确活动的主题和活动的具体形式(如志愿服务、创新创业、科研合作等)。

4. 活动安排

写作者需要在文案中详细阐述活动的具体安排,包括活动时间与地点、参与活动的人员等。写作者可将大学生实践活动的组织工作分为准备阶段、实施阶段和总结阶段。写作者应对每个阶段的工作任务进行规划,并体现在文案中。文案需要说明活动前期团队成员在准备阶段需要完成哪些准备工作(如联系合作单位、招募志愿者、准备物资等)。同时,文案还应当包含实施阶段的活动流程、具体步骤、团队分工、时间安排等内容。此外,写作者还应当对总结阶段的总结会议、成果展示、经验分享等活动进行规划。

5. 资源分析

在撰写文案的过程中,写作者需要对大学生实践活动所需的各项资源进行梳理和分析,例如人力资源、物资和活动经费等。写作者应对活动所需的工作人员(如组织者、志愿者等)及其职责进行说明,并详细写明活动所需的场地、设备、宣传材料等。同时,写作者还需要编制活动预算,预估活动所产生的费用(如交通费、住宿费、运输费、场地费等),明确经费的来源。

6. 安全与风险管理

为了保证活动的顺利进行,确保活动参与者的人身安全,安全与风险管理应当受到足够的重视。因此,写作者应在文案中明确活动的安全责任人,并说明其职责和权限。写作者可对活动过程中可能出现的各类风险(如人员风险、技术风险、场地风险)进行全面评估,并编写相应的应急预案,以降低风险发生的可能性。

7. 宣传推广

对大学生实践活动而言,宣传推广的重要性是不能被忽视的,它对于活动的成功开展和活动影响力的扩大起着至关重要的作用。在撰写文案的过程中,写作者需要制订完整的活动宣传方案,明确宣传渠道、宣传内容、宣传时间,以吸引更多人参与到活动中。好的活动宣传方案应当具有创新性和独特性。

8. 附录

附录部分通常包含与大学生实践活动相关的信息及参考资料。文案的附录部分通常包括活动流程图、工作人员名单、物资清单、活动应急预案、团队出行注意事项、活动预算表、调查报告等。

第三节　大学生实践活动策划文案设计案例

"逐梦青春——大学生艺术展演活动"策划书

一、活动背景与目的

校园文化是大学精神的重要体现,是凝聚师生力量、促进学校发展的重要推动力。丰富多彩的艺术活动是校园文化的重要组成部分,它能够为校园注入生机与活力,营造积极向上的校园文化氛围。举办艺术展演活动能够为学生们提供展现自我、交流思想的广阔舞台,让学生们在参与活动的过程中感受到艺术的魅力与力量,从而激发对生活的热爱和对美的追求。我们希望学生们能够通过音乐、舞蹈、话剧等多种艺术形式展现新时代青年学子的风采。此外,我们期望通过举办本次艺术展演活动,进一步丰富本校的校园文化生活,打造具有独特魅力的校园文化品牌,增强师生的归属感和认同感。

二、活动内容

(一)歌舞表演

校舞蹈团、合唱团等学生团体编排以"逐梦青春"为主题的歌舞节目,通过激昂的旋律和优美的舞姿展现大学生们积极向上的精神风貌。

在筹备歌舞表演的过程中,学生会相关部门可邀请专业的舞蹈编导和音乐指导,为同学们提供艺术指导。从舞蹈动作的设计到音乐的选择和编排,都力求精益求精,使歌舞节目具有感染力和表现力。

(二)小品或话剧表演

校话剧团等学生团体应鼓励同学们自导自演与活动主题有关的小品或话剧,展现当代大学生的精神风貌。小品或话剧可以聚焦大学生在科技创新、志愿服务、乡村振兴等领域的积极作为。

为了保证节目的质量,学生会相关部门可邀请本校艺术学院的老师在剧本创作、表演技巧、舞台设计等方面给予全方位的支持,帮助同学们创作出更具思想性、艺术性和观赏性的作品。

(三)朗诵表演

校朗诵艺术团等学生团体应组织同学们准备与活动主题有关的朗诵节目,同学们可选取经典的文学作品或原创诗歌进行朗诵。

在朗诵表演的筹备过程中,学生会相关部门可邀请专业人士从发音技巧、情感表达、舞台表现等方面对同学们进行指导,使同学们能够更好地诠释作品的内涵。同时,相关节目需要借助配乐、舞台布景等手段,营造出浓厚的艺术氛围,以增强节目的感染力。

三、活动安排

"逐梦青春——大学生艺术展演活动"的具体活动时间为20××年8月11日。为确保活动的顺利进行,特制定活动时间表,以确保每个环节都能有序推进。

(一)筹备阶段(20××年5月5日—5月31日)

在筹备阶段,校学生会将成立活动筹备小组,由活动筹备小组负责活动的整体策划与组织协调工作(参见附录1《活动筹备小组成员名单》)。活动筹备小组将明确活动实施方案、各项工作的责任分工与完成时限。此外,活动筹备小组还将与校内外相关部门进行沟通协调,争取场地、资金、物资等方面的支持。

(二)报名阶段(20××年6月1日—6月30日)

1. 发布通知

活动筹备小组将通过本校官方网站、校内公告栏、社交媒体平台等渠道发布活动报名通知,报名通知应体现活动主题、作品要求、报名时间和方式等信息。活动筹备小组还应向本校的艺术社团等组织发送活动邀请,鼓励各学院的社团负责人积极组织社团成员参与活动。

2. 开展报名工作

(1)线上报名。活动筹备小组应为学生提供活动报名链接,学生可以通过线上渠道进行报名。

(2)线下报名。活动筹备小组应在本校设立报名点,学生可以前往报名点填写报名表。

(三)评选阶段(20××年7月1日—7月15日)

在这一阶段,校内教师和校外专家将组成评审小组,评审小组应根据作品的主题契合度、艺术表现力及创新性筛选出符合要求的节目。评审小组应遵循公平、公正、公开的原则开展评选工作。

（四）排练与活动宣传阶段(20××年7月16日—8月10日)

对于入选的演出作品，活动筹备小组将邀请专业人士对各演出作品进行精心的编排与指导，确保演出的质量与效果。同时，活动筹备小组还将安排多场彩排，以检验演出效果，确保正式演出时各演出作品能够呈现出最佳的效果。在展演前，活动筹备小组将精心布置校园艺术中心等活动场地，并通过多种渠道宣传本次活动，邀请校内师生和社会各界人士共同参与本次活动。

（五）活动实施阶段(20××年8月11日)

活动将由开场节目、领导致辞和节目展演三部分构成。节目展演间隙将穿插观众互动环节，增强观众的参与感与体验感，活跃现场气氛。在节目表演过程中，活动筹备小组将安排专人负责舞台调度等相关工作，及时处理技术故障，并维持现场秩序，确保活动的顺利进行。活动筹备小组将在活动现场设置多个服务点，为观众与表演者提供饮用水、食品等物资补给。活动结束后，活动筹备小组将组织志愿者迅速对活动现场进行清理，将物资分类整理、妥善存放，恢复场地原貌。

（六）活动收尾阶段(20××年8月12日—9月15日)

宣传团队将在活动结束后对优秀节目的录制视频进行剪辑和整理，在学校官网、官方微信公众平台、微博、抖音等平台进行展示，扩大活动影响力，让更多人有机会欣赏到同学们的精彩表演。活动筹备小组将召开活动总结会议，对活动的组织策划、实施过程、活动效果等方面进行全面总结，分析活动中存在的问题与不足之处，提出改进措施与建议。活动组织者应根据活动总结会议的讨论结果与反馈意见收集情况，撰写详细的活动总结报告，上报学校领导。

四、资源分析

为确保活动的顺利推进，活动筹备小组将充分利用校内外各种资源。

（一）场地资源与设备

校园艺术中心将作为活动的主要举办场地，该场地有符合条件的录音设备、录像设备、投影设备，能够满足活动需要。校内行政楼的多媒体教室将作为节目排练场地。这些多媒体教室设施完善，能够满足同学们的排练需求。同时，活动筹备小组还将与艺术学院相关负责人协商，将艺术学院的训练室作为排练场地，供同学们使用。详情可见附录2《场地及设备一览表》。

（二）活动经费

充足的活动经费是活动成功举办的重要保障。学校为本次活动的筹备工作提供了2万元的专项活动启动经费，××培训学校与××教育咨询有限公司为本次活动提供了2万元的赞助费,本校校友会为本次活动提供了1万元的活动经费。以上活动经费将用于会场布置、活动宣传、设备购置等方面。详情可见附录3《活动经费预算表》。

(三) 人力资源

人力资源是保证活动成功举办的关键因素。由校学生会成员组成的活动筹备小组将负责活动的整体策划与组织协调工作。活动筹备小组还将广泛动员学生志愿者参与活动。此外,活动筹备小组将组织校舞蹈团、校合唱团、校话剧团、校朗诵艺术团等学生团体的有关负责人和成员积极参与本次活动。为了确保节目质量,艺术学院的老师将作为指导教师,为同学们提供专业的指导意见。

(四) 外部资源

为了提升活动的影响力,活动筹备小组将积极联系各类媒体,借助媒体的力量对活动进行广泛的宣传和报道。例如,邀请电视台记者对活动的筹备过程、活动的开展情况进行报道,展现本校学生的风采,从而进一步提升活动的美誉度。

五、安全与风险管理

安全是活动成功举办的前提。为确保活动有序开展,活动筹备小组将做好安全与风险管理工作。

(一) 安全预案

活动筹备小组将对活动场地进行全面检查与评估,确保场地设施安全可靠。活动筹备小组将制订详细的消防安全预案,并进行消防演练。同时,在活动开始时,活动筹备小组还将安排校内医护人员在会场值守,确保在突发情况发生时校内医护人员能够及时为受伤人员提供救治。

(二) 人员管理

活动筹备小组将对参与活动的所有人员进行安全教育与培训,提高他们的安全意识与自我保护能力。活动筹备小组还将进一步明确人员分工,在会场安排专人维持会场秩序。

(三) 设备保障

活动筹备小组将对演出所需的各类设备进行全面的检查,确保设备能够正常运行。同时,活动筹备小组还将准备备用设备,以应对突发情况,确保活动的顺利开展。

(四) 舆情监控

活动筹备小组将加强对活动舆情的监控与引导,维护学校的形象与声誉。

六、宣传推广

为扩大活动的影响力与知名度，活动筹备小组将采取线上、线下相结合的方式进行全方位、多层次的宣传推广。

（一）线上宣传

活动筹备小组的宣传团队将利用学校官网以及微信公众平台、微博等新媒体平台发布活动预告、精彩瞬间、幕后故事等内容，以吸引公众的关注。宣传团队将精心制作活动海报与视频宣传片，在各大媒体平台进行广泛的传播，提升活动的曝光度与关注度。

（二）线下宣传

宣传团队将在校园内布置宣传展板、悬挂横幅、发放宣传单，以营造浓厚的活动氛围。宣传团队将组织校园大使与各院系的同学进行沟通，提高同学们的参与度。同时，宣传团队还将利用校园广播对活动进行宣传。

七、附录

附录1：活动筹备小组成员名单（略）
附录2：场地及设备一览表（略）
附录3：活动经费预算表（略）

第四节　大学生实践活动策划文案写作实战训练

一、根据所给材料撰写一篇活动策划文案

请根据下面的材料撰写一篇内容、结构完整的暑期社会实践活动策划文案，部分内容可自拟。

××大学20××年大学生暑期社会实践活动的通知

各位同学：

为深入学习贯彻习近平新时代中国特色社会主义思想和党的二十大精神，有针对性地做好思想政治引领，落实立德树人根本任务，鼓励学生深入基层一线，扎根中国大地，了解国情民情，鼓励学生自觉承担重任，引导学生在服务奉献中厚植家国情怀，锤炼意志品质，增长见识才干，根据学校相关工作要求，现对20××年大学生暑期社会实践活动的相关工作进行安排。

（一）实践内容

1. 实践主题

探寻家乡新颜，聚焦小康新气象。

2. 实践内容

聚焦党和国家取得的历史性成就和发生的历史性变革，以中国大地为课堂，重走故地看新颜，走进一线看发展，通过社会观察、国情考察、产业调研等方式了解社情民情，切身感受中国式现代化的精髓和全面建成小康社会后家乡的发展与变化。

3. 实践要求

学生可自行组队，每个团队由1名指导教师带队，每个团队的人数为7～15人，其中包括团长1名、安全信息员1名。团队指导教师由团队自主选择，可以是团队负责人或其他成员的导师，团队成员也可以在学校各教学单位、职能部门、科研单位、辅助单位和群团组织中选择1名教师作为团队指导教师。实践结束后，各团队应按相关要求参加答辩并提交相关总结材料。

(二) 实践流程

1. 组织动员(20××年5月10日起)

学院召开动员会,介绍20××年大学生暑期社会实践活动的相关要求,邀请优秀团队分享经验。

2. 立项申请(20××年5月30日止)

校团委将根据各职能部门、学生社团的立项需求,设计实践项目,面向全校学生择优招募团队成员。各位同学可以参照学校通知自主报名参加。

原则上所有团队均需要参与由学院组织的线下立项答辩,立项不通过的团队需要根据修改意见再次参与答辩。

3. 出团公示(20××年6月5日)

学院社会实践立项答辩结束并上报立项结果,校团委将统一审核立项结果并进行出团公示。

4. 出团实践(20××年7月—8月)

公示完毕后,团队成员按照校团委与学院要求参加动员大会等其他活动,在暑假期间进行出团实践,并完成成果整理等工作。

5. 结项答辩(20××年9月)

出团实践结束后,团队成员需要参加结项答辩,并提交结项材料。结项材料包括调查报告(不少于1万字)、个人实践感想、实践照片5张。

6. 经费报销(20××年10月—11月)

学校为各团队的实践活动提供专项经费。团队相关负责人应组织团队成员按时完成经费报销。

7. 成果转化(20××年11月—12月)

校团委联合马克思主义学院搭建成果转化平台,进行实践成果的培育和转化。例如,将优秀实践报告结集成册,展示优秀摄影作品与微纪录片,邀请优秀团队分享实践故事等。

（三）保障机制

学校统一为参加暑期社会实践活动的学生购买意外伤害短期保险,以保障学生在出团过程中的安全。学校为参加暑期社会实践活动的学生统一发放实践服装、旗帜,并提供团队手册、介绍信等材料。

二、根据所给材料撰写一篇活动策划文案

请根据下面的材料为某大学的学生团队撰写一篇内容、结构完整的社会实践活动策划文案,部分内容可自拟。

某大学的学生团队计划以"探寻非遗瑰宝,传承文化根脉"为主题,开展一场探寻非遗文化的社会实践活动。本次社会实践活动的开展旨在引导学生深入了解非遗文化,使学生通过实地走访、亲身体验、调查研究感受非遗文化的独特魅力和中华优秀传统文化的深厚底蕴。本次社会实践活动的开展有助于培养学生的文化自觉和文化自信,提升学生的社会实践能力和团队协作能力。

具体活动内容如下。

1. 前期准备

(1) 组建活动小组,明确分工与职责。
(2) 收集并整理非遗文化相关资料,制订走访计划。
(3) 准备必要的采访工具、记录设备等。

2. 实地走访

(1) 前往非遗项目所在地,与当地的非遗传承人进行面对面交流。
(2) 参观非遗工作坊、展览馆等,了解非遗项目的主要情况。
(3) 观看非遗表演。

3. 调查研究

(1) 对非遗项目的发展现状、面临的问题进行深入调查。
(2) 撰写调查报告,分析非遗文化的发展前景与面临的挑战。
(3) 提出合理建议,为非遗文化的保护与传承贡献力量。

4. 成果展示

(1) 整理与活动相关的照片、视频、采访记录等资料。
(2) 举办成果展示会,分享活动成果。

第十章
公益活动策划文案

学习目标

知识目标：了解与公益活动策划文案相关的基本理论知识，熟练掌握公益活动策划文案的写作方法。

能力目标：具备撰写各类公益活动策划文案的能力。

素养目标：掌握公益活动策划的相关技巧，掌握公益活动策划文案的写作技巧，能主动参加公益活动，具备较强的社会责任感和使命感。

内容简介

★ 公益活动策划文案的相关概念
★ 公益活动策划文案的类型
★ 公益活动策划文案的内容与结构
★ 公益活动策划文案设计案例
★ 公益活动策划文案写作实战训练

第一节　公益活动策划文案概述

一、公益活动策划文案的相关概念

公益是指有关社会公众的福祉和利益。公益活动指的是为了社会公众的利益而组织开展的非营利性活动。公益活动通常由组织、机构或个人发起。公益活动的开展有助于改善社会环境，提高公众的生活质量，促进社会的和谐发展。公益活动通常涉及环境保护、教育支持、健康医疗、妇女儿童保护、赈济救灾、文化传承等领域。

公益活动的形式是多种多样的，常见的活动形式包括捐款捐物、志愿服务、公益演出、紧急援助等。人们可以通过参与公益活动体验到帮助他人的快乐，增强自身的社会责任感；同时也可以学习到许多新的知识和技能，提升个人素质和能力。此外，公益活动的组织和开展有助于拉近社会成员之间的距离，增强社会凝聚力，减少社会矛盾，增强社会的稳定性。

目前，社会上存在很多公益性社会组织，它们致力于从事社会公益事业，解决各种社会性问题，不将利润最大化作为首要目标。这些公益性社会组织能够整合分散于民间的社会资源，有效地动员社会力量。

公益活动策划文案又被称为公益活动策划案、公益活动策划书或公益活动策划方案。公益活动策划文案是策划者为公益活动的组织和开展撰写的文本材料，它对公益活动的宣传、推广和落实起着重要的作用。

公益活动策划文案涵盖活动流程、活动内容、参与方式等内容，有意向的参与者能够通过公益活动策划文案了解自己能够在活动中发挥怎样的作用。公益活动策划文案中的活动目标、活动流程等内容，为活动效果评估提供了客观的依据。策划者可以通过对比活动实际执行情况与文案中的相关内容，清晰地了解活动在哪些方面达到了预期目标，在哪些方面还存在不足。

二、公益活动策划文案的类型

根据公益活动的内容划分，公益活动策划文案可分为不同的类型。常见的公益活动策划文案包括支教活动策划文案、环保活动策划文案、救灾活动策划文案、敬老活动策划文案、社区服务活动策划文案、普法宣传活动策划文案、动物保护活动策划文案等。

知识拓展

我国有哪些公益性社会组织？

我国有众多的公益性社会组织。比较知名的公益性社会组织有中华慈善总会、中国红十字基金会、中国教育发展基金会、中国肝炎防治基金会、中国癌症基金会、中国器官移植发展基金会、中华少年儿童慈善救助基金会、中国儿童少年基金会、中国绿化基金会、中国生物多样性保护与绿色发展基金会、中国文学艺术基金会、中国法律援助基金会、中国社会工作联合会等。这些公益性社会组织在不同的领域发挥着重要的作用。

第二节　公益活动策划文案的内容与结构

一般来说，公益活动策划文案由标题、正文和附录构成。一篇公益活动策划文案的正文通常涉及活动目标、活动主题、活动内容、活动流程、活动宣传、活动预算等内容。

公益活动策划文案的具体写作要求如下。

1. 标题

公益活动策划文案的标题是公益活动策划文案的重要构成要素。文案标题应当准确传达公益活动的主题和核心内容，并明确体现活动的公益性质，从而确保读者能够通过文案标题迅速了解活动的主要情况。同时，文案的标题不应当过于抽象或与活动的实际内容脱节。此外，一个好的标题应当简洁明了并富有一定的吸引力。

2. 活动目标

活动目标与活动的预期效果及评估标准密切相关。公益活动策划文案的活动目标应当清晰明确，不应出现含糊不清的表述。活动目标的设定应基于实际情况和条件，以确保活动目标是可实现的。同时，活动目标应具有可衡量性，写作者可制定量化指标（如参与人数、捐款总额等）或定性指标（如满意度、参与度等），以便团队成员在活动结束后对活动效果进行评估。除了短期目标外，写作者还可以制定活动的长远目标。

3. 活动主题

一个好的活动主题能够为活动的成功实施打下良好的基础。首先，公益活动的活动主题应具有创新性，能够吸引目标受众的关注。新颖的活动主题可以激发参与者的兴趣和热情，增强活动的影响力。其次，活动主题必须与公益活动的性质相符，体现社会责任感和公益精神。因此，写作者不应选择那些商业性或娱乐性过强的主题，以确保活动所带来的是积极正面的影响。最后，活动主题应具有针对性和实效性，与困难群体的需求或社会问题相关联。

4. 活动内容

活动内容是整个公益活动策划文案的关键部分。写作者应在活动内容部分具体说明活动的起止时间、重要的时间节点（如签到时间、活动开始时间和活动结束时间）及活动的举办地点。此外，写作者还应在此部分写明活动的目标受众或参与者，如社区居民、学生、老年群体等。同时，写作者还应当在此部分对活动的形式进行说明，常见的活动形式包括义卖活动、公益讲座、公益演出、志愿者服务活动、义诊活动、募捐活动等。

5. 活动流程

在撰写此部分时，写作者应对活动流程中的每个步骤的具体实施时间进行规划，确保活动能够按照预定的时间节点进行。同时，写作者应在此部分明确每个环节的主要责任人，确保每个团队成员都知道自己的职责和任务。此外，写作者应当注意，活动流程中的所有环节都必须符合相关的法律法规和政策要求，相关活动的开展不能侵犯他人的合法权益。写作者可在撰写文案时参考《中华人民共和国慈善法》《志愿服务组织基本规范》等法律法规和政策文件。

6. 活动宣传

宣传和推广在扩大公益活动的影响力和提高公众参与度等方面起着至关重要的作用。大力宣传公益活动有助于向社会传递正能量，向公众传递积极向上的价值观。常见的公益活动的宣传渠道包括传统媒体（如电视、广播、报纸、杂志）、社交媒体和户外广告等。在进行活动宣传的过程中，团队成员可借助公益网站、论坛、社区等平台，发布活动信息并招募志愿者。

7. 活动预算

一般来说，公益活动的预算涉及场地租赁费、设备租赁费、物料制作费、人员费用（如志愿者餐饮费、讲师授课费等）、宣传费用、交通费用、保险费用等各项费用。写作者应当确保所有费用都与实现活动目标有关。在编制预算时，写作者应对各项费用进行合理预估，避免预算过高或过低；编制预算时也要多预留出一定的经费，以应对可能出现的意外情况。

8. 附录

附录中的内容必须与公益活动的策划相关，写作者可在附录部分对活动的某些要点进行补充说明。公益活动策划文案的附录部分通常包括活动流程图、志愿者信息表、志愿者岗位要求、活动预算表、场地布置方案等内容。

第三节　公益活动策划文案设计案例

铭润食品有限公司节水公益活动策划书

一、活动目标

在当前水资源日益紧张的背景下,铭润食品有限公司作为食品行业的领军企业,计划策划并组织一场节水公益活动。本场活动的主要目标是将节水理念传播给社区居民。

具体目标为:向公众普及节水知识,通过开展宣传教育活动,使社区居民深刻认识到水资源的宝贵性和节水的重要性,形成全社会共同关注水资源保护的良好氛围。

二、活动主题

本场活动的主题是"润泽未来,节水同行"。选用这一主题旨在呼吁社会各界与铭润食品有限公司一同行动起来,共同为节水事业贡献力量。

三、活动内容

(一)活动对象

××市××区××社区居民。

(二)活动时间与地点

时间:20××年8月10日。
地点:××市××区××社区301室。

(三)活动内容

1. 开设节水知识讲座

铭润食品有限公司将在××社区举办节水知识讲座,邀请开展水资源保护工作的有关专家、环保组织代表为社区居民介绍与节水有关的知识。有关专家、环保组织代表将通过生动有趣的讲解和互动问答等形式,向社区居民普及节水知识。

2. 发放节水知识手册

铭润食品有限公司将编制节水知识手册,并将节水知识手册发放给社区居民,手册内容涵盖节水政策、节水方法等多个方面,方便读者随时查阅并学习。铭润食品有限公司也将组织志愿者通过张贴海报、摆放展板等方式向社区居民普及节水知识。

3. 开展节水家庭评选活动

铭润食品有限公司鼓励社区居民采取节水措施并在活动中分享自己的节水经验,评选出优秀节水家庭并给予表彰和奖励。

四、活动流程

(一) 筹备阶段(20××年7月1日—7月15日)

1. 成立活动筹备小组

由公司市场部经理担任组长,并组建跨部门的活动筹备小组。活动筹备小组负责整个活动的策划与执行工作。活动筹备小组各成员的职责和分工可见附录1《节水公益活动筹备小组成员名单及成员分工》。

2. 确定合作伙伴

活动筹备小组应积极寻求与本市的水资源管理处、环保组织、教育机构及媒体开展合作,共同策划和推广本次活动,实现资源共享和优势互补。

3. 准备物资、布置场地

活动筹备小组应根据活动需求提前准备所需物资,并做好场地的布置工作,确保活动现场设施完善、环境整洁且符合安全要求。

(二) 活动预热阶段(20××年7月16日—8月9日)

活动筹备小组应通过线上、线下相结合的方式对活动进行宣传和推广,以扩大本次活动的影响力。具体的宣传手段可参见策划书的第五部分。

(三) 正式实施阶段(20××年8月10日)

13:00—13:30
志愿者邀请社区居民到达活动现场,向社区居民发放节水知识手册。
13:30—14:30
邀请有关专家、环保组织代表开展讲座。

14:30—15:30

由社区居民分享节水经验,由专家和社区居民共同评选出优秀节水家庭,并给予表彰和奖励。

15:30—16:30

活动结束,志愿者向参与活动的社区居民赠送纪念品并整理会场。

(四) 总结评估及宣传阶段(20××年8月11日—8月15日)

活动筹备小组通过报告会的形式展示活动成果和亮点。活动筹备小组组长需要对整个活动进行全面的回顾和总结分析,并撰写总结报告,以便为今后节水公益活动的开展提供参考和借鉴。负责活动宣传的成员应及时撰写新闻稿,通过各类渠道进行发布,以宣传活动的积极影响。

五、活动宣传

1. 利用传统媒体和新媒体

活动筹备小组应在活动开始前利用微信公众平台、微博等新媒体平台和公司官网发布活动预告。相关宣传人员也可与广播电台、电视台及报纸等传统媒体的工作人员建立合作关系,在活动结束后请各大媒体对活动进行报道,扩大活动的影响力和传播范围。

2. 借助社区力量

活动筹备小组应在活动开始前在社区摆放活动宣传展板,张贴活动宣传海报,开展线下宣传推广工作,让社区居民提前了解活动时间、活动地点及活动内容。

六、活动预算

本次活动预算的编制主要基于活动规模、活动内容、宣传手段等多方面因素。活动预算总计为10500元。具体情况如下。

(一) 物料相关费用

(1) 制作节水知识手册、海报、展板等宣传材料所需的费用。此项费用的预算为3500元。

(2) 采购纪念品、证书、奖品所需的费用。此项费用的预算为3000元。

(二) 交通费用

接送专家、环保组织代表、志愿者等人员所产生的交通费用的预算为1000元。

（三）人力费用

支付给专家、环保组织代表的讲座费用的预算为 3000 元。

七、附录

附录 1：节水公益活动筹备小组成员名单及成员分工（略）
附录 2：会场布置图（略）

第四节　公益活动策划文案写作实战训练

一、根据所给材料写一篇公益活动策划文案

请根据下面的材料给出的信息写一篇暑期支教活动策划文案,部分内容可自拟。

暑期支教活动报告

暑假期间,在罗娟老师的带领下,我们的支教小分队来到了贵州省贵阳市××希望小学。在这里,我们开展了为期1周(7月13日—7月19日)的暑期支教活动。在该校领导和老师们的大力支持下,我们的支教活动开展得十分顺利。

在这次支教活动中,我始终被一些精神感动着,我的体会如下。

在我们抵达这所希望小学之前,我就听闻这所学校位于较为贫困的地区。在坐了3个多小时的火车后,我们终于来到了这所学校。一条简陋的土路引领我们走进了校园。当我们到达学校时,正值学生们放学。他们一个个面带疑惑,眼神中充满了好奇。孩子们似乎在注视着我们这群"不速之客"。在与孩子们接触之前,我们有幸见到了学校的校长。他是一位朴实的中年男子,他对我们的到来表示了热烈的欢迎,这也让我们感到十分温暖。

在教师宿舍里,我深刻体会到了农村教育工作者的不易。那间十平方米左右的屋子里摆放着几张老旧的单人床、一张被岁月打磨得发亮的木桌,天花板上还有一顶吊扇。那里的不少小学老师与我们年纪相仿,但他们的房间看起来十分朴素。

第二天,我们来到了教室。我们的到来引起了一阵小小的骚动。过了一会儿,孩子们安静地坐在教室里,他们的眼中充满了对知识的渴望。当我听说这群孩子中竟有县里的第一名时,我被深深地震撼了。他们渴望走出这片土地,渴望通过知识改变自己的命运。

虽然支教活动只有短短1周的时间,但我们希望能够通过自己的力量为孩子们带来知识与希望。从作文指导到阅读训练,从英语语法到数学运算,从美术培养到音乐启蒙,每一堂课我都非常用心地去上,我希望将自己所掌握的知识毫无保留地传授给孩子们。同时,我更希望他们能够明白,这个世界是广阔的,他们可以通过自己的努力走出这片土地,去探索更广阔的世界,他们也可以在学有所成后回到家乡,为建设家乡贡献出自己的力量。我们为孩子们准备了一些书,当看到他们脸上

洋溢着的笑容时,我们深知,我们带给孩子们的是一种精神上的力量,这种力量将激励他们勇往直前,追求更美好的未来。1周的支教活动很快就结束了,我很舍不得与那些可爱的孩子们分别。他们的求学精神令我肃然起敬。虽然我们的力量是很渺小的,但我相信会有越来越多的志愿者教师前往祖国各地,用自己的青春和热情,为那里的孩子们点亮知识的灯塔。这次支教活动让我的心灵得到了洗礼。作为一名大学生,我要努力学习专业知识,实现自己的人生价值,为国家贡献出自己的一份力量。

二、根据要求写一篇公益活动策划文案

某大学的学生社团准备组织一场以"垃圾分类·青春助力"为主题的志愿服务活动,旨在提高当地居民的垃圾分类意识,倡导绿色低碳的生活方式。请帮助该活动的组织者写一篇志愿服务活动策划文案。

三、根据要求写一篇公益活动策划文案

某大学法学院的同学们准备在××社区举办一场以"普法惠民,法治同行"为主题的公益普法宣传活动,旨在通过生动有趣的互动形式,增强社区居民对法律法规的认识和理解。请根据以下材料为此次活动写一篇策划文案。

1. 活动目标

(1)普及法律知识,使社区居民了解与日常生活紧密相关的法律常识,如与消费者权益、劳动权益、网络安全有关的法律常识。
(2)促进法治实践,使社区居民懂得运用法律手段维护自身权益,形成遇事找法、解决问题靠法的良好习惯。

2. 活动时间与地点

(1)时间:10月15日上午9:00—11:30。
(2)地点:××社区活动中心。

3. 活动内容

(1)法律知识竞赛。题目涵盖基础法律常识及热点法律问题。
(2)情景剧表演。情景剧的主题可与消费维权、网络诈骗等热点话题有关。
(3)专家讲座。讲座嘉宾为本校法学院教师。

4. 活动宣传

在活动开始前在社区摆放公益普法活动宣传展板，张贴活动宣传海报，请社区工作者协助开展线下宣传推广工作，让社区居民提前了解活动时间、活动地点及活动内容。

参考文献

[1] 初广志.广告文案写作[M].3版.北京:高等教育出版社,2020.
[2] 张红丽.实用文案写作[M].北京:北京理工大学出版社,2023.
[3] 卢长宝.项目策划[M].4版.北京:电子工业出版社,2024.
[4] 杨德慧.商务策划文案写作[M].5版.北京:首都经济贸易大学出版社,2024.
[5] 赵静,孙国芳,彭爽,等.商务策划与文案创作[M].北京:中国金融出版社,2022.

附　录

在学习本教材时,同学们可以在相关网站上查询以下赛事的获奖作品,并进行学习和研究。

序　号	赛事名称
1	"挑战杯"全国大学生系列科技学术竞赛
2	中国国际"互联网＋"大学生创新创业大赛
3	中国大学生计算机设计大赛
4	全国青年科普创新实验暨作品大赛
5	"远华杯"全国大学生会展＋创意大赛
6	全国高校商业精英挑战赛
7	"百蝶杯"全国大学生物流仿真设计大赛
8	社科奖全国高校市场营销大赛
9	中国大学生公共关系策划创业大赛
10	"正大杯"全国大学生市场调查与分析大赛
11	广东大学生企业经营模拟沙盘大赛
12	全国大学生人力资源管理综合能力竞赛
13	全国大学生电子商务"创新、创意及创业"挑战赛
14	OCALE全国跨境电商创新创业能力大赛
15	"中国软件杯"大学生软件设计大赛
16	"赛佰特杯"全国大学生智能互联创新应用设计大赛
17	全国大学生工业设计大赛
18	中国高等院校设计作品大赛
19	中国国际园林景观规划设计大赛
20	全国大学生广告艺术大赛
21	华为ICT大赛
22	未来设计师·全国高校数字艺术设计大赛
23	全国大学生数字媒体科技作品及创意竞赛